対決！ 日本史5

第一次世界大戦篇

安部龍太郎　佐藤 優

Abe Ryutaro　Sato Masaru

潮新書

060

潮出版社

まえがき

佐藤 優

英国の歴史家エリック・ホブズボーム（１９１７〜２０１２）は、「長い19世紀」「短い20世紀」という興味深い歴史区分をする。意味としての19世紀は、１７８９年のフランス革命から１９１４年の第一次世界大戦勃発《ぼっぱつ》直前までで、１００年よりも長い。対して意味としての20世紀は、１９１４年の第一次世界大戦勃発とともに始まり、１９９１年のソ連崩壊《ほうかい》で終わる77年に過ぎない。第一次世界大戦と第二次世界大戦は連続していて、20世紀の31年戦争ととらえるべきと論じている。この歴史観の前提となるのは、人類はもはや世界戦争というような愚行《ぐこう》を繰《く》り返《かえ》すことはないという認識《にんしき》だ。

２０２２年２月24日にロシアがウクライナを侵攻《しんこう》するまで、私もホブズボームと歴史観を共有していた。しかし、この歴史観は楽観的すぎたという不安を最近覚える。ロシア・ウクライナ戦争は2年を超《こ》えたが、終局の兆《きざ》しが見えない。また、2023年10月7日にパレスチナに拠点《きょてん》をもつイスラム教スンナ派系武装組織ハマスによるイスラエルに対する攻撃《こうげき》で中東情勢も変化しつつある。「新しい戦前」という言葉にリアリティが出てきた。

安部龍太郎との対談は、これで5冊目になるが、二人とも第三次世界大戦だけは何としても阻止《そし》しなくてはいけないという気持ちを強くもっている。安部から日清戦争以降、日本にとって戦争が儲《もう》かるビジネスになってしまったとの指摘《してき》を聞いたときに、私はハッとした。東アジアの安全保障環境《かんきょう》が厳しくなるなか、平和を維持《いじ》するために日本が防衛力を整備することは必要だ。しかし、それが金儲けの手段になってはならない。この価値観を日本の政治家、経済人、言論人に定着させることが死活的に重要と思ったからだ。戦争は残酷《ざんこく》で悲惨《ひさん》だ。戦争で苦しむのは常に民衆だ。私は外交官だったので、無意識のうちに力と力の関係で国際関係を読み解いてしまう傾向《けいこう》がある。しかし、その際に戦争に巻《ま》き込《こ》まれて悲惨な経験をする一人一人の人間に対する想像力を欠いてはいけないと反省した。安部との対談は私の魂《たましい》を揺《ゆ》さぶり、それが私の言論活動にも無視できない影響《えいきょう》を与《あた》えている。

私が国際情勢に関する新聞報道や有識者の発言に触《ふ》れて、違和感《いわかん》と苛立《いらだ》ちを覚えることがときどきある。それは「中国が台湾《たいわん》を侵攻したときに日本はどう対応するか」「北朝鮮《きたちょうせん》がミサイルに搭載《とうさい》可能な核弾頭《かくだんとう》の小型化に成功したらどうするか」「アメリカ大統領選挙でトランプ氏が大統領に返《かえ》り咲《ざ》いたらどうなるか」など、外部からの要因に日本がどう対応すればよいかという受動的な話ばかりだからだ。国際社会には、ルールを作ることができる国家と、他の国家が作ったルールに適応する以外の選択肢《せんたくし》がない国家が存在する。客観的に見て、日本は国際社会のルールを作る能力のある国家なのである。

日本は「東アジアで二度と戦争を起こさない」ということを中心に据《す》えた新たな外交を展開する必要がある。そのためには、アングロ・サクソン流の自由や民主主義というイデオロギーを絶対視する価値観外交から距離《きょり》を置く必要があると私は考える。イデオロギーによる外交は、相手国がそれを認めないと容易に戦争に発展するからだ。権威《けんい》主義的な国家とも誠実に対話を行《おこな》い、戦争を避《さ》けることを至上命題にすべきだ。現在、ヨーロッパと中東で起きている武力紛争《ふんそう》は長期化する。この影響が東アジアに及《およ》ばないようにする戦略を考えなくてはならない。

しかし、この戦略を構築することは難しい。なぜならそれが日本にとっては退却《たいきゃく》戦になるからだ。国際政治の基本は勢力均衡《きんこう》だ。東アジアにおける国際政治のプレーヤーは、日本、アメリカ、中国、ロシア、北朝鮮、韓国《かんこく》の六カ国と台湾という一地域だ。20年前と比較《ひかく》して、この六カ国一地域のなかで、日本とアメリカの力だけは相対的に低下している。従って、勢力均衡原則に基《もと》づいて均衡線を引き直すと日本とアメリカにこれまでよりも不利な状況《じょうきょう》が生じる。この現実を踏《ふ》まえなくては、現実的に日本の国家と国民を守ることができなくなる。

ここで頭の体操をしてみよう。

アメリカでトランプが大統領に再選した場合について考えてみよう。トランプは安全保障について単純な

脅威《きょうい》＝意志×能力

という方程式を立てている。北朝鮮はすでに核兵器を所有し、巡航《じゅんこう》ミサイル、短距離弾道《たんきょりだんどう》ミサイル、中距離弾道ミサイルは十分、実用に耐《た》えうるレベルに到達《とうたつ》している。北米大陸に到達可能な大陸間弾道ミサイル（ＩＣＢＭ）を完成させるのも時間の問題だ。そして、核弾頭の小型化が実現すれば、アメリカが北朝鮮の核攻撃の標的になる。トランプは、北朝鮮の核兵器と弾道ミサイルを除去するには戦争というコストがかかることがわかっている。だからコストをかけずに北朝鮮の脅威を除去することを考える。能力があっても意志が極小になるならば、アメリカにとっての北朝鮮の脅威はほぼなくなる。要はトランプが金正恩《キムジョンウン》（朝

鮮労働党総書記）と友だちになればいいのだ。もちろんトランプは最後まで北朝鮮による核保有を認めない。しかし、本気で阻止し、米朝戦争が勃発することは避ける。そこで、北朝鮮が北米大陸に到達するＩＣＢＭの開発を凍結《とうけつ》すれば、北による核兵器とＩＣＢＭ以外のミサイルの保有は、事実上、容認《ようにん》する。このような新たな米朝関係のルールができると、北朝鮮が核攻撃で日本に壊滅的《かいめつてき》打撃《だげき》を与えることが可能になる。日本に武力で北朝鮮の核兵器を除去する力はない。となると北朝鮮の脅威から日本国民の生命、身体、財産を守るために現実的にできる方策は、北朝鮮が日本を攻撃する意志をなくさせることになる。そのためには日本が北朝鮮と外交関係を樹立して、互《たが》いに国家承認《しょうにん》をすることだ。外交関係をもつ国家を武力攻撃しないことは国際社会の基本ルールなので、北朝鮮の脅威を質的に削減《さくげん》することができる。

　さらに北朝鮮だけでなく、中国、ロシアなど日本と政治的価値観の異なる国家とも誠実な対話を積み重ねることによって、どこかで折り合いをつけることができるはずだ。

　第一次世界大戦後、一時期日本も真剣《しんけん》に対話による世界平和の実現を追求したことがある。１９２０年に発足《ほっそく》した国際連盟で日本は常任理事国の地位を得た。１９２８年の不戦条約（パリ不戦条約）にも加わった。対話による平和構築に向け、日本も積極的だった時期があったのだ。それが、１９３１年の満州事変以降、日本は武力によって国際秩序《ちつじょ》を変更《へんこう》するという選択《せんたく》をし、それが太平洋戦争という破局につながっていく。

本書を通じ、第一次世界大戦という大量殺戮《さつりく》、大量破壊《はかい》がもつ危険を再認識《さいにんしき》し、戦争を起こさないという決意を読者と共有することを私は心の底から望んでいる。

本書を上梓《じょうし》するにあたっては、「潮」編集部の幅武志副編集長の協力を得た。深甚《しんじん》なる謝意を表する。

２０２４年5月23日

対決！ 日本史5
第一次世界大戦篇

目次

第6章　ヴェルサイユ条約とワシントン体制　199

序章

資本主義と帝国主義の熱狂

産業革命によって資本主義が肥大化する
ヨーロッパ列強諸国とアメリカ、ロシア。
彼らはビジネス拡大の欲求から戦争へと突き進む。
一方、日本は勝ち戦を続けて帝国主義化していく。
そして一発の銃声が世界大戦の引き金に……。

■資本主義の肥大と植民地膨張の時代

安部―これまで佐藤さんとの対談『対決！日本史』シリーズを4冊出版してきました（「戦国から鎖国篇《さこくへん》」「幕末から維新《いしん》篇」「維新から日清《にっしん》戦争篇」「日露《にちろ》戦争篇」）。対談を続けるなか、2022年2月24日にロシアがウクライナに侵攻《しんこう》したことには衝撃《しょうげき》を受けたものです。過去の戦争について語り合いながら、まるで現代そのものの話をしているような錯覚《さっかく》に陥《おちい》りました。

佐藤―「新しい戦前」という物騒《ぶっそう》な表現が珍《めずら》しくなくなっている昨今です。

安部―今回は『対決！日本史5　第一次世界大戦篇』として語り合っていきます。20世紀初頭のヨーロッパを中心とする世界は、騙《だま》し合いに次《つ》ぐ騙し合いの連続でした。

佐藤―「騙されるヤツが悪いんだ」くらいの感じでしたよね。地政学的状況《じょうきょう》が混沌《こんとん》とするなか、日本はずる賢《がしこ》い形で第一次世界大戦に参戦して、その結果、連合国（三国協商〈イギリス・フランス・ロシア〉側に立って参戦した国々）とドイツとの間で締結《ていけつ》されたヴェルサイユ条約（1919年6月）で山東《シャントン》半島のドイツ権益を継承《けいしょう》するなどしました。

安部―世界大戦に至る前段階を、簡単に整理しておきましょう。

18世紀半ばから19世紀にかけて起きた産業革命以来、イギリスをはじめヨーロッパの列強諸国では技術革新が急速に進みました。大量生産・大量消費体制、高速移動体制ができあがると、列強諸国は商品の販路《はんろ》を求めて国外に進出します。さらに工業資源、金属資源を求め、他国を植民地化していく。「儲《もう》かる体制」への国づくりに邁進《まいしん》し、「勝てば官軍」という驕《おご》りが当たり前になっていきました。

佐藤― 植民地開拓《かいたく》に先行したのは、15～17世紀の中頃《なかごろ》まで続く大航海時代のスペインとポルトガルでした。両国を押《お》しのけてオランダとイギリスが16世紀末から植民地開拓に乗り出し、フランスが続きます。

産業革命によって、ヨーロッパで急速に経済が発展したものの、ヨーロッパだけではとても商品を消費しきれなくなります。最初に産業革命に成功したイギリスは、販路拡大を求めて、アフリカ、インド、オーストラリアなど、世界中に植民地をもつ帝国《ていこく》へと発展していきます。

後発国であるイタリアやドイツ、オーストリアが植民地を開拓しようとしても、たとえばヨーロッパで高額で取引されていた香辛料《こうしんりょう》、綿花、茶などの一大産地であるインドは、イギリスが覇権《はけん》を握《にぎ》るなど、旨味《うまみ》がありそうな場所はもう残っていませんでした。

安部― ならば他国の領土や植民地を戦争によって分捕《ぶんど》るしかないわけです。

佐藤―ロシアは列強諸国のように、自国から遠く離《はな》れた場所に植民地を作ろうとはしませんでした。ロシアの周辺諸国をじわじわ拡張していこうというアプローチです。

急速に資本主義が発展し、ビジネスを拡大しようという欲求に駆《か》られ、列強諸国とアメリカやロシアは戦争へと突《つ》き進《すす》んでいきました。第一次世界大戦は、肥大する資本主義の欲望が必然的に生み出したのです。

その意味では、マルクス主義の唯物《ゆいぶつ》史観に基《もと》づくレーニン（１８７０〜１９２４、ロシアの革命家）の理論は正しいのですよね。「経済をベースに成り立つ資本主義の膨張《ぼうちょう》と搾取《さくしゅ》は、どこまで行っても際限がない。そのとき植民地の再分轄《さいぶんかつ》をめぐって帝国主義戦争の必然性が出てくるのだ」という理論には、一理あるわけです。

■日清・日露戦争と日本の帝国主義化

佐藤―『対決！日本史３　維新から日清戦争篇』（１４６〜１４９頁参照）で、安部さんが鋭《するど》い指摘《してき》をされました。日清戦争の勝利によって、日本がどれだけの果実を得たのか。下関条約（１８９５〈明治28〉年）によって、日本は２億両《リャン》（英語の読みは「テール」）もの賠償金《ばいしょうきん》を手にしました。

安部―当時の国家予算の約3倍に相当する天文学的な数字です。

佐藤―今の日本の国家予算がだいたい１００兆円ですから、いきなり３００兆円のキャッシュがボン！と入ってきたようなものです。かたや日清戦争による日本側の死者は約１万３０００人でした。

安部―割り算して現在の貨幣《かへい》価値に換算《かんさん》すれば、日清戦争の戦死者一人につき約２３０億円を手にしたようなものです。

佐藤―これだけの実入りがあれば、戦死者へのお見舞《みま》い金や遺族年金などはたかが知れています。日清戦争によってとんでもない賠償金を手に入れてしまったがために、あれ以来「戦争＝ビジネス」という発想にすり替《か》わってしまいました。

安部―では日清戦争から10年後に勃発《ぼっぱつ》した日露戦争の勝利によって、日本は何を得たのでしょう。ポーツマス条約（１９０５〈明治38〉年）の交渉《こうしょう》の結果、日本は賠償金獲得《かくとく》を断念します。戦費が17～18億円にのぼったことを考えると、「ビジネスとしての日露戦争」は一見大赤字です（『対決！日本史4　日露戦争篇』１６６～１７４頁参照）。

佐藤―日清戦争で日本は「お魚」（現金）を手にしました。日露戦争では「お魚」の旨味は乏《とぼ》しかったものの、「お魚」を取るための「漁場」を獲得します。すなわち朝鮮《ちょうせん》半島と南樺《みなみから》太《ふと》の植民地化です。

安部―関東州（遼東《リャオトン》半島南部）の租借権《そしゃくけん》と長春《チャンチュン》・旅順《リュイシュン》間の鉄道の日本への譲渡《じょうと》、南樺太の日本への割譲《かつじょう》に加えて、韓国《かんこく》における日本の優越《ゆうえつ》権の承認《しょうにん》がポーツマス条約で締結されました。さらに日露戦争終結から5年後の１９１０年には、日韓併合《へいごう》によって日本は朝鮮半島を植民地化します。

佐藤―朝鮮半島は鉱物資源が豊かですし、労働者人口も多い。日清戦争のときのように賠償金獲得には失敗したものの、日本は宝の山を当てたのです。

そのせいで、日本は俄然《がぜん》調子づいていきます。ヨーロッパ諸国が前線で激戦を繰《く》り広《ひろ》げるなか、日本軍は極力自分たちの血と汗《あせ》は流さない。日本は「漁夫の利」を得るように、第一次世界大戦の戦勝国となったのです。

安部―日清・日露を経《へ》て第一次世界大戦に至る過程は、日本にとってまさしく勝《か》ち戦《いくさ》の連続でした。

佐藤―日露戦争で大きな賠償金を得ることには失敗したものの、戦争で結果的にカネ儲けすることには成功した。「ビジネスとしての戦争」に手を染める悪い癖《くせ》が、日本に完全についてしまったのです。

■通俗小説に見る戦争の〝雰囲気〟

安部――「戦争は儲かる」といういびつな思想は、ヨーロッパではすでに19世紀の後半には蔓《まん》延《えん》していました。プロイセン王国（1871年以来ドイツ帝国の中核国家を形成）とフランスによる普仏《ふふつ》戦争（1870年）を経て、ドイツは1871年にヴェルサイユ宮殿《きゅうでん》を占領《せんりょう》してフランスに勝利します。フランスがロシアと手を結ぶことを恐《おそ》れたドイツは、フランスを孤立《こりつ》化《か》させたい。ロシアとフランスによって、両面から挟《はさ》み撃《う》ちにされるのは困る。そこで1873年に三帝同盟（ドイツ、オーストリア＝ハンガリー、ロシア）を結びます。いわゆるビスマルク（1815～98、ドイツ帝国宰相《さいしょう》）外交です。

三帝同盟が結ばれる7年前の1866年に、ドイツとオーストリアは戦争をしていました。もっと遡《さかのぼ》れば、1853～56年にイギリスとフランスやオスマン帝国は、ロシアとの間でクリミア戦争を戦っていたわけです。果てしない戦争の連続、果てしない稼《かせ》ぎ合いの連続でした。

佐藤――マルクス主義哲学者《てつがくしゃ》の廣松渉《ひろまつわたる》（1933～94、東京大学教養学部教授）が書いた『「近代の超克《ちょうこく》」論』（講談社学術文庫）を読むと、当時の雰囲気《ふんいき》がよくわかります。太平洋戦争開戦翌年の１９４２（昭和17）年に知識人が開いた座談会「近代の超克」を読むと、まるで甲子《こうし》園《えん》のトーナメント戦のような雰囲気なのです。「世界中の国が戦争に出場し、最終的にどこかが勝ち残る。戦争とはそういうものなのだ」と。

安部　日本が日清・日露で大儲けした成功体験を引きずっていったように、ヨーロッパ諸国も戦争の成功体験を引きずって「次の戦争でも勝つぞ」と国民を説得し、戦争をやめられなかったのでしょう。

佐藤　１９２７（昭和２）～28年、雑誌『少年倶楽部《くらぶ》』に佐藤紅緑《こうろく》（１８７４～１９４９、俳人／小説家）の小説「あゝ玉杯《ぎょくはい》に花うけて」が連載《れんさい》されました。主人公「チビ公（青木千三《せんぞう》）」は進学校の浦和《うらわ》中学校（現在の埼玉県立浦和高校）に合格する学力があるのですが、父親が没《ぼっ》落《らく》して貧しい家庭で暮らし、豆腐屋《とうふや》を営む親戚《しんせき》の仕事を手伝っているため勉強に集中できません。官僚《かんりょう》を辞《や》めたあと「黙々塾《もくもくじゅく》」という塾を開いている「黙々塾長」と出会い、「チビ公」は旧制第一高等学校（現在の東京大学教養学部および、千葉大学医学部、同薬学部の前身）進学を目指すのです。

「チビ公」が弁論大会に参加すると、戦争を否定して平和や民主主義を主張する学生が「デモクラ屋！」と野次《やじ》を浴びて「あちらの思想にかぶれたいい加減なやつ」扱《あつか》いをされています。逆に戦争を受け入れて英雄《えいゆう》を待望する学生が、弁論大会で喝采《かっさい》を浴びて勝つのです。「あゝ玉杯に花うけて」のような通俗《つうぞく》小説を読むと、第二次世界大戦に突き進んだ日本人の戦争観がよくわかります。

■幾何級数的に伸びたドイツの軍備増強

安部―１８８２年にドイツ、オーストリア＝ハンガリー、イタリアによる三国同盟が成立しました。１９０７年には、イギリス、フランス、ロシアによる三国協商が成立します。

佐藤―三国同盟と三国協商の成立によって、第一次世界大戦への下地が完全に整います。

安部―この間のドイツの軍備増強は凄《すさ》まじいのです。１８７０年のドイツの総軍事費は１０８０万ポンドでした。かたやイギリスは２３４０万ポンドですから、ドイツとは倍以上の開きがあります。

20年後の１８９０年には、ドイツの総軍事費は２８８０万ポンドに膨《ふく》らみました。イギリスは３１４０万ポンドですから、徐々《じょじょ》に拮抗《きっこう》してきます。イギリスはもともと海軍国家ですが、ドイツには海軍の軍備はほとんどありませんでした。そこでビスマルクが海軍増強政策を進め、イギリスに肉薄《にくはく》していくのです。

佐藤―海軍はカネ喰《く》い虫ですから、ドイツの軍事費が爆発的《ばくはってき》に膨らんだのはうなずけます。

安部―今の中国の軍備増強と同じような状況ですから、フランスもイギリスもロシアも当然警戒《けいかい》を強めました。当時のドイツは、現在の２倍ぐらい領土が広かったのです。優秀《ゆうしゅう》な人材が育ち、工業技術の発展と生産力の拡大、金融《きんゆう》資本の集中は凄まじかった。

佐藤―周辺諸国を圧倒《あっとう》する国力があったため、膨大《ぼうだい》な軍事費をつぎこめたのです。

安部―第一次世界大戦開戦の１９１４年の段階で、ドイツの総軍事費はどこまで膨らんでいたのか。なんと１億１０８０万ポンドです。イギリスは７６８０万ポンドでした（以上、『世界の歴史〈21〉帝国主義の開幕』中山治一著、河出文庫、３０９頁より）。

ドイツの軍事強化主義とその遺産は、ビスマルク亡《な》きあと、さらに皇帝《こうてい》ヴィルヘルム２世（１８５９〜１９４１、在位１８８８〜１９１８）の退位後も引《ひ》き継《つ》がれます。ドイツは第二次世界大戦へ向かい、ますますコントロールを喪失《そうしつ》して暴走していきました。

■一発の銃声が引き金　サラエボ事件の衝撃

佐藤―現在と同じく、過去の国際政治も一種の複雑系の様相を呈《てい》していました。一カ所でパワーバランスが崩《くず》れると、均衡《きんこう》の崩れはバタフライ効果のようにあちこちに連鎖《れんさ》していきます。

安部――バタフライ効果とは、「非常に小さな出来事が、最終的に予想もしていなかったような大きな出来事につながる」ことを意味する言葉です。気象学者のエドワード・ローレンツ（1917～2008）が1972年に行《おこな》った講演「ブラジルでの蝶《ちょう》（butterfly）の羽ばたきはテキサスで竜巻《たつまき》を引き起こすか」に由来しています。

佐藤――第一次世界大戦の引き金となったサラエボ事件（1914年6月28日）は、まさにバタフライ効果の典型でした。

安部――セルビア人の民族主義者が、サラエボでオーストリア＝ハンガリーの皇太子夫妻を撃《う》ち殺《ころ》してしまいました。

佐藤――この事件が、よもやあれほど悲惨《ひさん》な世界大戦につながるとは、誰《だれ》も想像だにしませんでした。なぜなら如何《いか》なる理由があろうが、テロを仕掛《しか》けるほうが悪いに決まっています。しかも小国セルビアに対し、当時のオーストリア＝ハンガリーは巨大《きょだい》な帝国です。多くの人たちが「戦争は1週間か10日で終わるだろう」と思っていたにもかかわらず、日本を含《ふく》め世界中が参戦し、世界大戦の泥沼《どろぬま》へと発展してしまいました。

■核抑止力の限界とロシア・ウクライナ戦争

佐藤―同盟の考え方の基本は「我《わ》が国の後ろにはたくさんの国がついている。下手《へた》に手出ししたら世界戦争になるぞ」「同盟に手を出すリスクなんて誰も冒《おか》さない。同盟さえ結んでいれば戦争は起きず、平和が維持《いじ》されるはずだ」という抑止《よくし》の論理です。

安部―二度の世界大戦を経て、人類は現在に至るまで軍事同盟によって戦争の抑止に努めてきました。

佐藤―第一次世界大戦までは「同盟＝安全の保障」とは言い切れませんでした。近代国家が成立していく過程で、初めて結ばれた同盟であったため、いざ戦争が勃発したとき、同盟国が戦争の終結まで自分たちを守ってくれるという前例がなかったからです。

　同盟国に対して一回でも火を噴《ふ》けば、集団的自衛権を発動してほかの国もみんなが戦争に加わる。第二次世界大戦後、このようなルールが確立されたのです。

安部―二度の大戦を経験した米ソは核兵器《かくへいき》を完成させ、核抑止論によって戦争を抑止してきました。

佐藤―「今は第一次世界大戦のころの時代とは根本的に違《ちが》う。核兵器があるのだから、国家同士がぶつかる大規模戦争は起きるはずがない」と言われてきたのです。

安部―ところが恐ろしいことに、ロシアとウクライナの間で戦争が起きてしまいました。核兵器を保有している西側諸国がウクライナの後《うし》ろ盾《だて》として控《ひか》えていようが、戦争の抑止力は働いていません。

佐藤―「核戦争にならない」という抑止は今のところ働いてはいますが、「西側諸国に核兵器があるからウクライナは戦争に巻きこまれない」という抑止力は働いていません。「力の均衡」「同盟」という考え方だけに拠《よ》って平和を維持《いじ》していく政策が、いかに危《あや》ういか。これが第一次世界大戦から私たちが学ぶべき第一の教訓です。

　第一次世界大戦によって、人類がプラスの方向で学んだ教訓もあります。今後、二度とこういった戦争を起こさないために、話し合いで物事を決めていくことです。

安部―戦後の１９２０年に、人類は国際連盟を結成しました。

佐藤―レーニンが打ち立てた共産主義国家（ソビエト連邦《れんぽう》）も、まずは武器を置いて平和を第一義に据《す》えました。「戦争の前に外交交渉を進めよう」という流れも、第一次世界大戦をきっかけに国際社会に生まれたのです。

安部―ロシア・ウクライナ戦争が未《いま》だ停戦に至らない今、『対決！日本史』シリーズ第５弾で第一次世界大戦の教訓について語り合うことには深い意義があります。過去の戦争から、私たちがどのような教訓を読み取れるのか。おおいに語り合いましょう。

第1章　三国同盟と三国協商

膨張する資本主義、国家体制の違い、
民族対立、宗教対立、指導者、
気候変動、パンデミック、
そして三国同盟と三国協商――。
第一次世界大戦勃発の理由とは何か。

■「お母さんは忙しくなるばかり」

安部― 佐藤さんと語り合った前著『対決！日本史4　日露《にちろ》戦争篇《へん》』では、日露戦争が終わってポーツマス条約が結ばれ、そのあとイギリスが退潮を迎《むか》えるあたりで話が終わっています。

　日露戦争前後のヨーロッパでは海外進出をめぐって対立が激化し、1882年にドイツ、オーストリア＝ハンガリー、イタリアの間で三国同盟が結ばれました。1907年にはイギリス、フランス、ロシアの間で三国協商が結ばれています。

佐藤― 三国同盟と三国協商の歴史を振《ふ》り返《かえ》るにあたり、まず考えなければならないのが経済です。序章で語り合った産業革命を経《へ》て、植民地の奪《うば》い合《あ》い、帝国《ていこく》主義戦争へと突《つ》き進《すす》んだ構図をもう少し詳しく押《お》さえておきたいと思います。

安部― 産業革命以来の技術革新によって、大量生産と大量消費体制ができあがりました。鉄道などの高速移動の交通インフラが整備されたのも大きいです。ヨーロッパ諸国は商品の販《はん》路《ろ》を求めて植民地に出ていく。さらに工業資源、金属資源を求めて植民地を征服《せいふく》していく。「儲《もう》かる体制」への国づくりを進め、儲かった金でさらに軍事拡張へ乗り出す。

こういう国づくりに邁進《まいしん》するうちに、国の指導者も資本家も国民も「勝てば官軍、負ければ賊軍《ぞくぐん》だ」「戦争に勝てばいいんだろう」という帝国主義的な空気にどんどん慣れていきます。

佐藤―戦争を支えるうえで、安部さんが今おっしゃった大量生産、大量消費は決定的に重要です。この点に関して論じた『お母さんは忙《いそが》しくなるばかり　家事労働とテクノロジーの社会史』（ルース・シュウォーツ・コーワン著、高橋雄造訳、法政大学出版局）というすごくおもしろい本があるんです。社会学者の著者は「家電製品が普及《ふきゅう》することによって、主婦の労働は果たして減ったのであろうか」という点に着目しました。

安部―それはおもしろそうな本ですね。

佐藤―洗濯機《せんたくき》ができる前、主婦は汚《よご》れた服をデコボコの洗濯板にあててゴシゴシ洗っていました。洗濯板でこするくらいでは落ちない油汚れもあります。うんとひどい汚れだと、木槌《きづち》でトンカン叩《たた》きました。

安部―かつては石や堅《かた》い木で作られた「砧《きぬた》」（衣板《きぬいた》）という道具がありました。今の若い人は「砧」と言われてもピンとこないかもしれませんが、昔はそこに作業服やズボンを置いて木槌でトンカン叩いたのです。ゴワゴワの堅い服を柔《やわ》らかくしたり、ツヤが出るようにする。砧と木槌は、今で言うところのアイロンかけの役割も果たします。

佐藤―これはとんだ重労働です。砧や木槌を使う家事の名残《なご》りは、今のワイシャツの形に残っています。昔のシャツは、襟《えり》と袖口《そでぐち》の部分が取り外し可能でした。襟と袖口は特に汚れがちですから、そこを外して念入りに洗う。シャツの身頃《みごろ》（体の表面と背中部分）と別立てで洗濯したわけです。

　砧と木槌でせっせと洗っていた時代は、重労働である洗濯はせいぜい1週間に1回でした。ところが洗濯機ができると、毎日汚れ物を洗えるようになります。1週間に1回だった洗濯を、毎日やるようになってしまう。

安部―なるほど。機械化によってお母さんの家事がラクになるどころか、かえって家事にさく時間が増えてしまうわけですね。

佐藤―お風呂《ふろ》だって、昔は各家庭に湯沸《ゆわ》かし器《き》や給湯器なんてありませんでした。だからみんな銭湯に出かけていたわけです。あるいは薪《まき》を焚《た》いて風呂を沸かしていました。ガスを使って簡単に風呂を沸かせるようになると、誰《だれ》だって毎日風呂に入りたくなります。

安部―すると風呂掃除《そうじ》を毎日しなければいけないし、着替《きが》えやタオルの洗い物はどんどん増える。家電製品が普及すればするほど、お母さんは忙しくなるばかり……。身につまされる話です。

佐藤―最近になって、メンズコスメ（男性化粧品《けしょうひん》）の新聞広告やコマーシャルをよく目にするようになりました。思い返してみると、昔のおじさんは思いっきり男性化粧品を使いまくっていたものです。

安部―髪《かみ》の毛《け》なんて、ポマードでベッタリ固めていましたね。

佐藤―毎日お風呂に入れなくて臭《くさ》いから、臭《にお》いがキツい整髪料《せいはつりょう》や香水《こうすい》でゴマかしていたわけですよね。

安部―大谷翔平《おおたにしょうへい》選手で話題のメンズコスメのコマーシャルとは、だいぶイメージが違《ちが》う。（笑）

佐藤―帝国主義というと、とかく軍備拡張といったハード面ばかりで考えがちです。実は我々の生活が便利になっていくのと帝国主義の拡張は、表裏一体《ひょうりいったい》の関係にあるのです。便利さがどこまで亢進《こうしん》すればいいのか。どのあたりで欲望に制限をかけるべきなのか。際限なく欲望を拡張しようと思ったら、ここではないどこかから収奪《しゅうだつ》しなければいけなくなります。

安部―今のお話は、日露戦争後から第一次世界大戦の時代を語っているように見えて、とても21世紀的な課題ですね。人類の際限ない欲望の拡張は、環境破壊《かんきょうはかい》、気候変動をもたらすほど暴走しています。近年、頻繁《ひんぱん》に語られる「ＥＳＤ」（持続可能な開発のための教育）だとか

「ＳＤＧｓ」（持続可能な開発目標）の議論はその反動ともいえます。

佐藤―現代の皮膚《ひふ》感覚では「洗濯は１週間に１回にしろ」とか「風呂に毎日入るな。週１回にしろ」なんて言っても、誰も言うことを聞きません。

はたして、24時間営業のコンビニでいつでも煌々《こうこう》と電気がついている必要があるのか。お手洗いの個室に入った瞬間《しゅんかん》、便座のフタがパカッと自動的に開く必要があるのか。そういったことを考え直さなければいけません。

■高度経済成長と「三種の神器」ブーム

安部―生活全般《ぜんぱん》が資本主義化し、そこに帝国主義が結びついていく。産業革命から三国同盟、三国協商に至る時代は、資本主義と帝国主義のスパイラル状態でした。

佐藤―ただし帝国主義の時代になると、人々が便利な生活を送れます。とりわけ帝国主義の宗主国《そうしゅこく》の生活は、飛躍的《ひやくてき》に便利になりました。

安部―独占《どくせん》企業《きぎょう》による富の独占と集中、生産体制の独占が進みます。独占企業と独占金融《きんゆう》資本がドッキングして、資本主義と帝国主義に基《もと》づく支配体制を形づくっていきました。戦後日本においては、「三種の神器《じんぎ》」と称《しょう》して政府を挙げて家電製品の購買欲《こうばいよく》を煽《あお》り立《た》てています。

佐藤―１９５０年代半ばから高度経済成長が始まると、洗濯機と電気冷蔵庫、掃除機《そうじき》が各家庭に普及し始めます。やがて掃除機に代《か》わって、白黒テレビが「三種の神器」の仲間入りを果たしました。

安部―東京オリンピック（１９６４〈昭和39〉年）前後になると、カラーテレビとクーラー、自動車（カー）が「新・三種の神器」と呼ばれて一気に普及します。これら三つの英語の頭《かしら》文字《もじ》が「Ｃ」なので「３Ｃ」とも呼ばれました。

　クーラーがなければ、夏の酷暑《こくしょ》で命が脅《おびや》かされるほど温暖化が進んでいる現代ですが、「三種の神器」や「３Ｃ」が開発された当時は、こんなものがなくても、死にもしなければ困《こん》窮《きゅう》するわけでもありませんでした。「三種の神器」や「３Ｃ」がなかったころは、地域の中でお互《たが》い共同生活を守り合い、足りないところはご近所さん同士で相互《そうご》補完し合ってきました。家電製品がどんどん普及して皆《みな》が豊かになればなるほど、地域コミュニティは崩壊《ほうかい》して人々が孤立化《こりつか》していきます。

　このような現象の源とも言うべき資本主義化と帝国主義化が、日露戦争後から第一次世界大戦にかけての時代に世界で進行していきました。

■混沌化を突き進んだ大戦直前のヨーロッパ

安部―序章でも少し触《ふ》れましたが、ここで三国同盟と三国協商が成立するに至る経緯《けいい》を簡単におさらいしておきましょう。世界史年表の資料を参考に、ざっと経緯をまとめました（『世界史年表 第3版』歴史学研究会編、岩波書店、232〜257頁、『世界史年表・地図』亀井高孝他編、吉川弘文館、68〜75頁参照）。

▼1870年7月19日　フランス、プロイセンに宣戦布告（普仏戦争）
▼1871年1月18日　ヴィルヘルム1世が皇帝になる（ドイツ帝国建設）
▼1871年1月28日　フランスがドイツに降伏
▼1873年10月22日　ドイツ、オーストリア＝ハンガリー、ロシアの三帝同盟が成立
▼1877年4月24日　ロシア、オスマン帝国（露土《ろと》）戦争勃発《ぼっぱつ》
▼1878年3月3日　ロシアがオスマン帝国に勝利。サン・ステファノ条約調印
▼1878年6月13日　ベルリン会議開催。サン・ステファノ条約破棄、三帝同盟が事実上崩壊

▼1879年10月7日　ドイツとオーストリア＝ハンガリーの対露防衛同盟が成立

▼1881年6月18日　ドイツ、オーストリア＝ハンガリー、ロシア、新三帝同盟条約調印

▼1882年5月20日　ドイツ、オーストリア＝ハンガリー、イタリア、三国同盟調印

▼1887年6月18日　ドイツとロシアの再保障条約調印。オーストリア＝ハンガリーは三帝同盟の更新を受けず

▼1890年3月20日　ビスマルクがドイツ宰相《さいしょう》を罷免《ひめん》される

▼1890年3月31日　ドイツ、独露再保障条約の不更新を通告

▼1891年8月27日　ロシアとフランスが政治協定を締結《ていけつ》

▼1892年8月17日　ロシアとフランスの軍事協約が成立

▼1894年1月4日　正式に露仏同盟が成立

▼1895年4月23日　ロシア、ドイツ、フランスが日本へ三国干渉

▼1902年1月30日　第一次日英同盟協約調印

▼1904年4月8日　英仏協商調印

▼1907年8月31日　英露協商の調印によりイギリス、フランス、ロシアの協力体制（三国協商）が成立

佐藤―こうして年表を眺《なが》めてみると、ヨーロッパは凄《すさ》まじい大混乱です。

安部―露土戦争（1877～78年）の結果、ロシアはオスマン帝国に勝利します。両国の間で、講和条約（サン・ステファノ条約、1878年3月）が結ばれますが、この条約によってバルカン半島やトルコ・イラン国境方面でのロシアの影響力《えいきょうりょく》が増大することを恐《おそ》れたドイツは、調停人として名乗りを上げます。ドイツのビスマルク宰相は、ベルリン会議で結ばれたベルリン条約（1878年7月）によって、オスマン帝国の領土の大半をロシアに引《ひ》き渡《わた》しつつ、ロシアが南下政策を進めないようブレーキをかけたのです。

佐藤―ドイツによって不利な約束を押《お》しつけられた結果、ロシアとドイツの関係は悪化します。ロシアはドイツと距離《きょり》を置きつつ、フランスに近づきました。そこでビスマルクは1882年にオーストリア＝ハンガリー、イタリアと三国同盟を結び、さらに5年後の1887年には独露再保障条約を締結します。

　このへんの経緯はとてもややこしいのですが、世界史年表や資料をひっくり返して相関図を整理してみると、歴史の見え方がずいぶんクリアになりますよね。

安部―ベルリン条約のせいでロシアとドイツの関係は一時的に冷えこんだものの、その後、

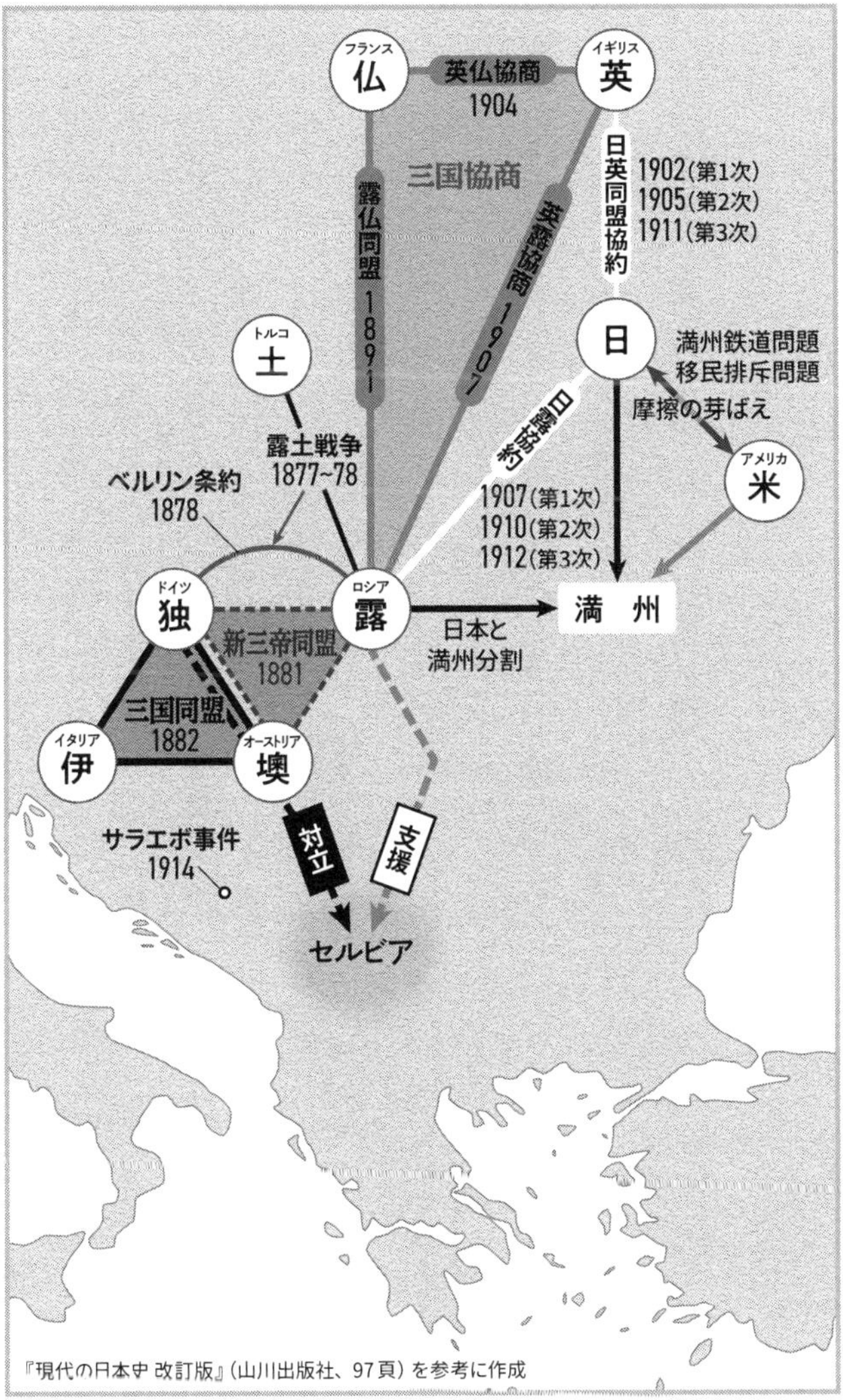

『現代の日本史 改訂版』（山川出版社、97頁）を参考に作成

ロシアとドイツ、オーストリア＝ハンガリーは新三帝同盟を締結します。その後、ビスマルクの宰相辞任にともない、独露再保障条約は消滅《しょうめつ》しますが、利益が一致《いっち》するならばロシアとドイツ、そしてロシアとフランスが手を結べる状況《じょうきょう》が構築された。だから三者が一致団結して日本に三国干渉《かんしょう》を仕掛《しか》け、そのお礼《れい》として清国《しんこく》から利権を引き出せたわけです。

するとイギリスは孤立化します。極東《きょくとう》におけるイギリスの孤立化は、すなわちヨーロッパにおけるイギリスの孤立化でもありました。イギリスは善後策として、あわてて１９０２（明治35）年に日英同盟を結びます。

日本の歴史だけを見ていると、日清《にっしん》・日露戦争から第一次世界大戦に至る一連の動きは、まるで日本が主体的に動いたように錯覚《さっかく》してしまうかもしれません。ヨーロッパで渦巻《うずま》く椅《い》子《す》取りゲームを整理してみると、ヨーロッパの事情のせいで、日本が国際政治の舞台《ぶたい》で翻弄《ほんろう》された側面もあることがわかります。

■アルフォンス・ドーデの小説『最後の授業』

安部――アルフォンス・ドーデ（１８４０～97）というフランスの作家が書いた『最後の授業』という小説があります。

佐藤　教科書にも採用されている、子ども向けの有名な作品ですね。

安部　普仏《ふふつ》戦争（１８７０～71年）によってフランスが負け、アルザス・ロレーヌ地方がドイツに併合《へいごう》されることになりました。以後アルザス・ロレーヌ地方ではドイツ語しか使ってはいけないことになり、フランス語を使う先生は首になってしまうのです。

〈「みなさん、わたしが授業《じゅぎょう》をするのは、きょうが最後《さいご》です。ベルリンから命令がきて、アルザスとロレーヌの学校では、ドイツ語以外のことばを、おしえてはいけないことになりました……。あした、新しい先生がこられます。きょうは、みなさんにとって最後《さいご》のフランス語の授業《じゅぎょう》です。どうかいっしょうけんめいきいてください。」〉（『最後の授業』ドーデ著、南本史訳、ポプラポケット文庫、７～８頁）

最後の授業に臨《のぞ》んだ先生は、フランス語についていささか不穏《ふおん》な物言いもしています。

〈アメル先生は、それからそれへと、フランス語についての話をはじめた。フランス語は世界じゅうでいちばん美しい、いちばんはっきりした、いちばんしっかりしたことばであること。だから、ぼくたちで、きちんとまもりつづけ、けっしてわすれてはならないこと。なぜなら、民族《みんぞく》がどれいになったとき、国語さえしっかりまもっていれば、じぶんたちの牢獄《ろうごく》のかぎをにぎっているようなものなのだから……〉（同、11頁）

　なぜドイツがアルザス・ロレーヌ地方を併合したのか。ここは石炭の産地だからです。

佐藤―ドイツがアルザス・ロレーヌ地方を分捕《ぶんど》った結果、重工業地帯であるドイツのルール地方が大発展しました。

安部―ドイツがフランスの石炭を取りに行った理由は、紛《まぎ》れもなく工業化を賄《まかな》うためでした。普仏戦争に勝利すると、プロイセン国王だったヴィルヘルム１世（１７９７～１８８８）はヴェルサイユ宮殿《きゅうでん》で戴冠式《たいかんしき》を開き、初代ドイツ皇帝《こうてい》（在位１８７１～88）に即位《そくい》します。

　１７８９年にフランス革命が起きると、１７９２年にフランスは王政を廃止《はいし》しました。フランスとドイツは、体制が根本的に違《ちが》うのです。統一ドイツを実現して君主制（一人の支配者によって統治される国家形態）を敷《し》きたいドイツとしては、フランスに広がった「人間は生まれながらにして自由・平等であり、幸福を追求する権利がある」という天賦《てんぷ》人権論を根幹とする自由主義思想は目の上のタンコブでしかない。自由主義思想なんて否定して叩《たた》き潰《つぶ》したい。体制の根本的な違いが、普仏戦争が起きた一つの理由ではないでしょうか。

佐藤― それは鋭《するど》い指摘《してき》です。ドイツから見るとナポレオン（1769〜1821）なんて、海のものとも山のものともつかぬ「自称《じしょう》・皇帝」に見えるわけです。

いずれにせよ、ドイツにとってみればフランスの共和制（主権が国民にあり、直接または間接に選出された国家元首や複数の代表者によって統治される政治形態）なんてものはよろしくない。「共和制か君主制か」という争いが普仏戦争を生み出したという安部さんの指摘は、おっしゃるとおりだと思います。

ソビエト型の共産主義の脅威《きょうい》が出てくるまでは「共和制か君主制か」という争いがヨーロッパの基本的な分水嶺《ぶんすいれい》でした。ソビエト型の共産主義が登場すると、共産主義に対抗《たいこう》するために、共和制も君主制も一緒《いっしょ》になって戦わざるをえなくなったわけです。

安部― 普仏戦争で勝ったドイツは、膨大《ぼうだい》な土地を分捕ったうえに、50億フランもの賠償金《ばいしょうきん》を手にしました。その賠償金を使って、ドイツは工業化をどんどん進めていきます。まるで日清戦争の賠償金みたいなものです。賠償金を取りに行くことを目的として、戦争が手段に使われる時代に突入《とつにゅう》しました。

汎ゲルマン主義と汎スラヴ主義

安部―ヨーロッパが第一次世界大戦へ向かう道筋を振《ふ》り返《かえ》ると、「汎《はん》ゲルマン主義（19世紀末から、ドイツ人の間に生じてきた民族的優越《ゆうえつ》と膨張《ぼうちょう》を主張するイデオロギーとその運動）」対「汎スラヴ主義（ロシアなどのスラヴ系諸民族の連合・統一を目指した思想・運動）」の鋭い対立が浮《う》かび上《あ》がってきます。19世紀の終わりから、ドイツ帝国はゲルマン民族によるヨーロッパ制覇《せいは》、さらにはゲルマン民族による世界制覇を夢見ました。

佐藤―第一次世界大戦を通じて、その野望が頓挫《とんざ》すると、ナチス・ドイツが汎ゲルマン主義を引《ひ》き継《つ》ぎます。

安部―バルカン半島や東欧《とうおう》は、オーストリア帝国やオスマン帝国によって支配されていました。もともとバルカン半島や東欧で暮らしていたスラヴ系民族は、支配者からの解放を叫《さけ》んで汎スラヴ主義に走ります。

佐藤―汎スラヴ主義はロシアの南下政策と合致《がっち》し、汎ゲルマン主義と衝突《しょうとつ》しました。

安部―汎ゲルマン主義や汎スラヴ主義が出てくる原因として、オスマン帝国の弱体化があります。もともとバルカン半島はオスマン帝国の領土だったわけですが、露土戦争でロシアに敗れてオスマン帝国は弱体化していきました。

本当はロシアがバルカン半島を手にしたかったわけですが、イギリスやフランス、ドイツが「ちょっと待て」と口を出してきます。前述のように、ベルリン会議によって利害の調整が進められ、オーストリアはボスニア・ヘルツェゴヴィナあたりの領有権を取得しました。

汎スラヴ主義を掲《かか》げて自由と国民主権を訴《うった》えるバルカン半島の人たちは、下層階級だったことも重要な要因です。エリート階級はオーストリアと手を結び、彼《かれ》らの手先になりました。エリートは貧しい汎スラヴ主義者ではなく、豊かな汎ゲルマン主義者と手を組んだほうが得だと考えていたのです。同じボスニア・ヘルツェゴヴィナの中で深刻な分断の構図が生まれたことが、問題をよりいっそう複雑にしました。

■オスマン帝国とミッレト制

佐藤―ここで重要なのは、オスマン帝国の解体プロセスです。オスマン帝国とその他のヨーロッパ諸国では、ゲームのルールが異なります。オスマン帝国にはミッレト制があるのです。

安部―オスマン帝国の国内で、15世紀後半にイスラム教徒以外の住民を保護するコミュニティとして設置されたのが「ミッレト」（millet）と呼ばれる宗教自治体ですね。

佐藤―　多数派であるイスラム教徒は、ミッレトを作って保護する必要はありません。その他の宗教、つまり正教であれば正教のミッレト、グレゴリオス派のアルメニア教会（キリスト教教会の一派）であればアルメニア教会のミッレトが設置され、信教の自由を守ったのです。

安部―　ユダヤ教徒であれば、その人たちが安心して暮らせるようにユダヤ教徒のミッレトが存在したのですよね。

佐藤―　ええ。現在でもシリアやイラクでは、ネストリウス派（431年のエフェソス公会議で異端《いたん》と断罪。ローマ帝国内で迫害《はくがい》されるも、6世紀初頭からペルシアを中心に活発な宣教を行《おこな》う。中国では景教）のキリスト教徒がけっこうたくさん暮らしています。オスマン帝国には、ネストリウス派のミッレトもありました。それぞれのミッレトでは、おのおのの宗教指導者が統治にあたり、自治を保っています。

安部―　自治とは、どのレベルまで手を入れるのですか。

佐藤―　税率まで異なるのです。おもしろいことに、オスマン帝国ではイスラム教徒のほうが税率は低いのです。オスマン帝国は、地理的な自治を採用しませんでした。

安部―　地理で区切って信教の自由を制限したら、不満が噴出《ふんしゅつ》して内政が不安定になってしまいます。ミッレトを設置したオスマン帝国では、ギリシャ正教もユダヤ教もキリスト教諸派もずっと残り続けました。

■ギリシャは西側のキリスト教世界の利益を代表する人造国家

佐藤―現在のギリシャ人は、オスマン帝国の中で暮らしていたギリシャ正教のミッレトの住人にルーツがあるのです。今生きているギリシャ人をもしＤＮＡ鑑定《かんてい》すれば、トルコ人とルーツが一緒であることがわかるでしょう。

安部―それはおもしろい。

佐藤―黒海《こっかい》のウクライナ沿岸には、ギリシャ人のディアスポラ（移民コミュニティ）がありました。ナポレオン戦争（１８０３～15年）が起きたころ、ロシアとイギリスが協力してディアスポラの住民をオスマン帝国の支配下にあったギリシャに送りこみます。彼らをキリスト教文明の代表者に仕立て上げ、19世紀初めにギリシャ独立運動を煽《あお》り立《た》てるのです。

　このとき義勇兵としてギリシャ独立戦争（１８２１～29年）に参加したバイロン（１７８８～１８２４、イギリス・ロマン派の代表的詩人）も戦いのなかで死にました。なおギリシャの初代国王・オソン１世（１８１５～67、在位１８３３～62）は、ギリシャ人ではなくドイツ人です。

安部―へえ、そうなんですか。外部から介入《かいにゅう》してギリシャ独立運動を成功させ、外部の人間を王様につけて傀儡《かいらい》国家に仕立て上げてしまったんですね。

佐藤―ギリシャの国家形成の成り立ちを見ると、西側のキリスト教世界の利益を代表するための人造国家の要素があるのです。

ギリシャが独立すると、ダーダネルス海峡《かいきょう》、ボスポラス海峡のあたりで住民交換《こうかん》が行われました。オスマン帝国にあるギリシャのミッレト住民の中で、ギリシャに移りたい人はギリシャに引《ひ》っ越《こ》す。ギリシャで暮らすイスラム教徒のうち、オスマン帝国に引っ越したい人は移民を認める。

２００年前にこういう経緯があるため、今でもギリシャ人は「トルコ人のようにずるい」と言いますし、トルコ人は「ギリシャ人のようにずるい」と言って、民族の差異を差別的な喩《たと》えとして用いるのです。

■ベネディクト・アンダーソンの「想像上の政治的共同体」

佐藤―一方で「民族」という概念《がいねん》は、１７８９年のフランス革命以降に生まれました。現代を生きる私たちは、１０００年も２０００年も前から「民族」というくくりがあったと思うかもしれません。学術的には、「民族」という概念の誕生はここ２００年余りのとても近代的な現象です。

安部― 特にフランス革命以降、「民族」というくくりが流行になりましたね。

佐藤― ベネディクト・アンダーソン（１９３６〜２０１５、アメリカの政治学者）が言うところの「想像上の政治的共同体」(imagined political communities)です。フランス人とドイツ人が、太平洋の離《はな》れ小島に住んでいてとても仲良く暮らしていた。やがて離れ小島にまで、生活必《ひっ》需品《じゅひん》に混じって新聞が届くようになった。第一次世界大戦が始まって1カ月も経《た》つころには、新聞を熱心に読むフランス人とドイツ人がいがみ合い、対立するようになる。これがアンダーソンの「想像上の政治的共同体」の考え方です。

安部― それはとてもわかりやすい喩えです。新聞がなかったら、異なる他者が一つのコミュニティの中で何の問題もなく共存できていた。新聞がもちこまれた瞬間《しゅんかん》、政治的な(political)共同体になってしまうわけですね。

佐藤― 新聞（現代ではネットメディアやSNSも含《ふく》む）がなければ、人々の間に「民族」という概念は構築されません。２０１４年9月、イギリスからスコットランドが独立するべきかどうかを問う住民投票が実施《じっし》されました。

安部― あのときは、賛成44・７%、反対55・３%という僅差《きんさ》で独立反対派が勝ちました。

佐藤― 当時の「琉球新報《りゅうきゅうしんぽう》」の報道がおもしろいのです。那覇《なは》に住んでいるスコットランド人とイングランド人が出てきて、紙面で討論をぶつけ合っていました。スコットランド人は「イングランドがやっていることはおかしい」「スコットランドは断固独立するべきだ」と譲《ゆず》らない。イングランド人は「スコットランドはイギリスにとどまったほうが利益がある」と強く主張するのです。

沖縄で暮らす二人の間に、それまで何か日常的なトラブルがあったわけではない。なのに遠く離れた沖縄で、二人は母国をめぐるナショナリズムの熾烈《しれつ》な闘争《とうそう》に巻きこまれてしまったのです。

安部― そのお話は、第一次世界大戦当時のヨーロッパ諸国にも共通します。

佐藤― 第一次世界大戦が起きた背景を分析《ぶんせき》すると、客観的には帝国主義的な影響力の拡大、あるいは市場の拡大が見えてきます。しかし主観的なところでは、ナショナリズムの流行、あるいは民族の流行が見えてきます。ブルガリアやセルビア、クロアチアにある土着の宗教や民族性を守らなければいけない。帝国主義に我《わ》が民族を蹂躙《じゅうりん》されてたまるものか――こういう発想になってくるのです。

■どこで分節化をするかで対立軸は変わる

安部―第一次世界大戦へ向かって、汎ゲルマン主義と汎スラヴ主義が対立する構図が話題にのぼりました。この対立の構図の裏には、カトリックなりプロテスタント、ギリシャ正教の宗教対立もある。民族対立と宗教対立が重なり合っているように見えます。

佐藤―そこは重なっている要素と重なっていない要素があると思います。どこで分節化するかですね。カトリックとプロテスタント、正教との違いが表に出てくると、汎ゲルマン主義対汎スラヴ主義の民族の対立はあまり表には出てきません。

「ゲルマン民族かスラヴ系民族か」という違いが表に先鋭化《せんえいか》すると、宗教対立はとたんに影《かげ》を潜《ひそ》めます。第一次世界大戦前後の混沌《こんとん》とした状況《じょうきょう》のどこを分節化するかによって、対立軸《じく》の見え方が変わってくるのです。

安部―そこは今のロシア・ウクライナ戦争にも共通する視点かもしれません。

佐藤―同感です。メディア報道を見ていると、ロシア人とウクライナ人が殺し合いのケンカをしているように見えます。でもモルドバの東にある沿ドニエストル共和国に行くと、現地で暮らすロシア人とウクライナ人は仲がいいのです。

安部―えっ、交戦国の当事者なのに、お互いにいがみ合っていないのですか。

佐藤―どうしてかというと、沿ドニエストル共和国においてはモルドバ人という共通の敵がいるからです。だからロシア人とウクライナ人がケンカせずに、協力して、モルドバ人と戦争をしています。

逆に、宗教の違いで分かれていがみ合っているのがキプロス共和国です。キプロスは地中海東部のキプロス島を占める国ですが、この島の北部には世界でトルコしか国家として承《しょう》認《にん》していない「北キプロス・トルコ共和国」があります。ここで暮らすイスラム教徒は自分たちのことを「我々は北キプロス人だ」と自認《じにん》しており、南部に住むギリシャ系の住民と対立しています。彼らは、キプロス島のほかの地域で暮らすキプロス人とは別民族だと思っているのです。

安部―なるほど。民族と宗教の火種は、二度の世界大戦が終わったあとも、現在に至るまで世界のあちこちに散在しているのですね。

■ベルリン条約でイギリスが獲得したキプロス

安部―キプロスといえば、あの地こそ、帝国主義の権化《ごんげ》が過酷《かこく》なまでに干渉《かんしょう》しました。

露土戦争後、ロシア軍はコンスタンティノープル（現・イスタンブール）のあたりまで進撃《しんげき》してきました。するとイギリスは艦隊《かんたい》を送り、「これ以上の侵攻《しんこう》は許さないぞ」「オスマン帝国で勝手なことはさせないぞ」とロシア軍の動きを牽制《けんせい》します。

その裏でイギリスは、オスマン帝国と秘密条約を結んでいました。「オレたちがロシアからの圧迫《あっぱく》を防いでやるから、見返りにキプロスの領有権を認めろ」というわけです。

佐藤—１８７８年に結ばれたベルリン条約で、イギリスはオスマン帝国からキプロスの統治権を認められます。

安部—このときにフランスが「なんやお前、キプロスをそんな密約によって奪《うば》い取《と》るのか」と批判しました。するとイギリスは「いやいや、あなたはオスマン帝国領だったチュニジアをもらいなさいよ」と言って、ベルリン会議によってチュニジアをフランス領にしてしまいます。

これに猛反発《もうはんぱつ》したのがイタリアでした。「あそこの対岸はウチの既得権《きとくけん》だ」と怒《おこ》って、そこからフランスとイタリアの対立が激化するのです。フランスを牽制したいイタリアは、以後オーストリア＝ハンガリーのほうに寄っていきました。信義など皆無《かいむ》に等しい権謀術数《けんぼうじゅっすう》の争いです。

佐藤―キプロスは歴史的に見て、エジプトに攻《せ》めていくときに格好の拠点《きょてん》なのです。領土をどこまでも拡張したいナポレオンが、エジプトをほしがったように、このときのイギリスもエジプトがほしかった。そのためキプロスを出撃《しゅつげき》基地にしようとしたのです。

安部―エジプトなどの北アフリカに進出して、地中海と紅海《こうかい》を結ぶスエズ運河を押さえてしまえば、海上運行によって莫大《ばくだい》な利益を得ることができますからね。

佐藤―トルコの真南、シリアやレバノンのちょうど西の沖に位置するキプロスに基地を造って、海を挟《はさ》んで南側のエジプトへ向かって艦隊で一気に攻めていきたい。北アフリカへ進出してスエズ運河の利権を押さえるために、キプロスは格好の拠点《きょてん》でした。

安部―こうした動きが、後にドイツの3B政策とイギリスの3C政策の対立を生み、第一次世界大戦へとつながります。

　ドイツはベルリン（Berlin）、ビザンチウム（Byzantium／現・イスタンブール）、バグダッド（Baghdad）を結ぶ鉄道を敷こうと計画しました。イギリスはエジプトのカイロ（Cairo）、インドのカルカッタ（Calcutta／現・コルカタ）、そして南アフリカのケープタウン（Cape Town）を三角形に取り囲んだ広大な一帯を、自らの版図に置こうと構想します。

　3B政策と3C政策の折り合いが簡単につくわけはなく、第一次世界大戦の泥沼《どろぬま》へと突き

サン・ステファノ条約によるブルガリアの境界
ベルリン条約後のオスマン帝国の領土
ベルリン条約前のオスマン帝国の領土

『流れ図世界史図録ヒストリカ』（山川出版社、171頁）を参考に作成

進んでいってしまいました。

■第一次世界大戦の遠因となったビスマルクの辞任

安部―普仏戦争に勝利してドイツ統一を成《な》し遂《と》げたビスマルクは、ドイツ帝国の初代宰相を１８７１年から１８９０年の長きにわたって務めています（プロイセン王国宰相は１８６２年から務めていた）。ビスマルクなくして三国同盟は成立しませんでしたし、ビスマルクがいなくなったせいで第一次世界大戦の泥沼へ突き進んでしまったとも言えます。

佐藤―ビスマルクという類《たぐ》い稀《まれ》な政治指導者は、あっちにはＡという手を打ち、こっちではＢやＣという手を打ち、絶妙《ぜつみょう》な采配《さいはい》で国際社会全体のバランスを取りました。そのバランサーがいなくなった結果、安全保障の均衡《きんこう》が一気に崩《くず》れてしまったのです。

安部―１８８８年、ドイツ皇帝のヴィルヘルム１世が91歳《さい》で死にました。後を継いだヴィルヘルム２世はビスマルクと仲が悪く、１８９０年に彼を辞任させてしまいます。

佐藤―ヴィルヘルム２世は現実がよく見えておらず、自分の能力を過大評価していました。ビスマルクは高い能力をもっていても、常に自分の能力を２割ぐらい値引いて、０・８掛《が》けで自己省察する謙虚《けんきょ》さがあったと思うのです。

それとは対照的に、ヴィルヘルム２世は自分の能力を１・２掛けで見ていました。「必要は法律を知らない」という乱暴な考え方で物事を決め、「緊急避難《きんきゅうひなん》的な局面では法律云々《うんぬん》なんて悠長《ゆうちょう》なことは言っていられない」と理路も道理も無視してしまう。

安部―フィクサー（調停役）としてのビスマルクの能力は、ヴィルヘルム２世なんて及《およ》びもつかないほど高いものがありました。それにヴィルヘルム２世が皇帝に即位《そくい》したとき、彼はまだ29歳の若さです。１８１５年４月生まれのビスマルクは、すでに73歳でした。ビスマルクから見ればひよっこの若造、息子《むすこ》どころか孫くらいの若輩者《じゃくはいもの》に見えたはずです。

■マルクスの盟友だったフェルディナント・ラッサール

佐藤―頭の中で「歴史のif」を思《おも》い描《えが》くと、ビスマルクの凄《すご》さが浮かび上がってきます。ビスマルクがいなければ、ドイツで社会主義革命が成功していたかもしれないのです。マルクス（１８１８～83、科学的社会主義の創始者）の知人だったフェルディナント・ラッサール（１８２５～64）という人がいます。

安部―ドイツの社会主義者ですね。

佐藤―ラッサールが書いた『労働者綱領《こうりょう》』の考え方をビスマルクは取り入れて、社会保険制度を作って福祉《ふくし》政策に力を入れようとします。社会政策を行う代わりに社会主義者鎮圧《ちんあつ》法を作り、共産主義者の政治活動を禁止しました。ビスマルクは給食費の無償《むしょう》化などを進める一方で、累進《るいしん》課税制度を強化して富裕層《ふゆうそう》から貯金を巻き上げます。

「こんなふうに資本家ばかり儲ける社会は駄目《だめ》だ。こういう社会を野放しにしておいたら、いずれ革命が起きるぞ」

「未然に革命を阻止《そし》しなければならない。そのために国が社会主義政策に力を入れるべきだ。『社会主義政策』と言うと聞こえが悪いから『社会政策』と言うようにしよう」

　こんな感じで社会政策と公平配分政策を進めるにあたり、ビスマルクはラッサールに「知《ち》恵《え》を貸してくれ」と打診《だしん》しました。ラッサールは「私でお役に立つことがありましたら」と次から次へと協力します。

安部―自分が本に書いたことが政策として実現するわけですから、ラッサールはさぞかし溜《りゅう》飲《いん》が下がったでしょう。

佐藤―ラッサールは節操がないから「お前の思想をお国の役に立ててみないか」と言われたら、気を良くしてホイホイ出向いちゃうのです。マルクスやエンゲルス（1820〜95、マルクスと科学的社会主義を創始）のように警戒心《けいかいしん》が強くて「権力者とは口はきかない」というタイプであれば、ラッサールが構想した一連の社会政策は実現しませんでした。

かたやマルクスやレーニンの発想は「世の中が悪くなれば悪くなるほど革命が近づく」という感じです。

安部―世の中がどん底まで乱れたとき、やっと革命の時が到来《とうらい》する。すごい発想だなあ。

佐藤―「世の中が悪くなれば悪くなるほど、政権奪取《だっしゅ》のチャンスが生まれる」という感じなのです。

安部―ラッサールがマルクスやレーニンとは違うお調子者であったおかげで、社会民主主義的な政策がビスマルクの手によって実現し、革命の時は遠ざかった。まさに「歴史のif」ですね。

佐藤―ラッサールは革命家なのですが、カーッとしやすい直情的な人物だったため、最後は三角関係のもつれによって決闘《けっとう》で負けて死んじゃいました。

安部―ビスマルクとはだいぶタイプが違いますね。なにしろヴィルヘルム1世は「彼のほうが私よりドイツのためになる人物だ」というぐらいビスマルクを買っていました。そこまで買われてもビスマルクは増長することなく、ヴィルヘルム1世との関係を絶妙に保っています。

佐藤―そこはオーナー企業の経営のコツですよね。オーナー企業のワンマン経営者が「オーナーのオレに任せておけば全部成功する」なんて思いこむと、だいたいロクなことになりません。ワンマン経営ですべての権力を一手に握《にぎ》るのではなく、番頭さんをしっかりと据《す》えておかなければ、経営はどこかでおかしくなります。

かといって、番頭さんの力があまり強くなりすぎても良くない。後釜《あとがま》の若旦那《わかだんな》が会社を継いだとたんに、功労者である番頭さんをつまみ出して追放してしまう。こういうのはよくある話です。

安部―すると会社のパワーバランスがおかしくなって、経営が一気に傾《かたむ》いてしまう。まるでヴィルヘルム２世とビスマルクのような話です。

▩気候変動とパンデミック

安部―これはまだ定説とは言えず、仮説の段階の話なのですが、１９１４年から「１００年に一度」と言われる異常気象がヨーロッパで起こったと近頃《ちかごろ》言われています。「気候変動が第一次世界大戦を泥沼化させた」という仮説です。

寒冷化が進んで長雨が続き、西部戦線の塹壕《ざんごう》戦で凄まじい数の凍死者《とうししゃ》が出ました。雨に降られてずぶ濡《ぬ》れになり、気温が下がって兵士が凍《こご》え死《じ》ぬ。劣悪《れつあく》な衛生状態と健康状態が常態化し、スペイン風邪《かぜ》の大流行にもつながっていきました。

佐藤—十分説得力がある見立てです。

安部—異常気象とパンデミックによって穀物争奪戦《そうだつせん》が激化し、戦況《せんきょう》を悪化させる。まるで今の地球のような話です。

　第一次世界大戦の直前には、支配体制の危機、支配体制の地殻《ちかく》変動も起こりました。フランス革命や自由主義思想の台頭によって、王政が衰退《すいたい》していきます。すると自由主義のフランス対三帝同盟（ドイツ、オーストリア＝ハンガリー、ロシア）の対立が生まれました。

　イギリスも現在に至るまで王政を採っていますが、かつてのドイツやオーストリア、ロシアほど厳格な王政ではありません。いわば要領がいい王政なので、三帝同盟のようにはなりませんでした。ドイツやオーストリア＝ハンガリー、ロシアの帝政《ていせい》は、第一次世界大戦が終わった段階で全部滅《ほろ》びています。その滅びに向かう大きな地殻変動が、第一次世界大戦でした。

　実を言うと、今のロシア・ウクライナ戦争でもこれとよく似た地殻変動が起こっているのではないでしょうか。ＩＴ産業、ＡＩ産業といった新しい産業が急速に勃興《ぼっこう》して、資本が集積する場所が変化してきた。現代の資本主義に地殻変動が起き、それでもなんとかもちこたえようとしている人たちが戦争を仕掛けているのではないか。そんな見方もできます。

佐藤―現下のロシア・ウクライナ戦争は、事実上「西側連合対ロシア」の代理戦争と化しています。ロシアには核兵器《かくへいき》があり、ウクライナの後《うし》ろ盾《だて》となっている西側連合にも核兵器がある。下手を打てば、ロシア・ウクライナ戦争は第三次世界大戦へと発展してしまいます。そこに核兵器が使用されるリスクがある。

　第一次世界大戦の前夜にかけて起きたことが繰《く》り返《かえ》し起きており、「歴史は繰り返している」と見ることもできます。もちろんあんな悲惨《ひさん》な歴史は絶対に繰り返してはいけないわけですが。

■同盟と協商の決定的な違い

佐藤―第一次世界大戦は、三国同盟と三国協商のぶつかり合いによって暴発しました。「同盟」と「協商」の違いは、なかなか説明が難しいのです。一般論《いっぱんろん》として、同盟関係は文書に明記されます。協商関係は「A国とB国はお互い攻守《こうしゅ》同盟を結ぶ」とかそういったことを明確に文書化しません。

安部―協商関係は、お互いを守る義務によって束縛《そくばく》されない。

佐藤―協商はむしろ紳士《しんし》協定《きょうてい》の要素が強いのですよね。「オレたちはこれぐらい仲良くしているのだから、いざとなったら助けてくれるよな」という緩《ゆる》やかな約束です。一方で第一次世界大戦勃発までの同盟も、今ほど強固な関係ではありませんでした。

安部―序章で佐藤さんが指摘していましたが、「我々は同盟関係を結ぶ」と言っても、世界大戦のような大規模戦争において、同盟関係が最後まで機能するかどうかはわからない。要するに前例がなかった。同盟国を守る義務によって、相手方が本当に束縛されるのかどうかがわからなかった。

佐藤―同盟の考え方の基本は「我が国の後ろにはA国やB国をはじめ、たくさんの国がついている。我が国に手を出したら、同盟国が黙《だま》っちゃいない。妙《みょう》な真似《まね》をしたら世界戦争になるぞ」という抑止《よくし》の論理です。

安部―その抑止の論理が本当に機能するかどうかは、第一次世界大戦が勃発するまではっきりとはわかりませんでした。

■第一次世界大戦の教訓

佐藤―第一次世界大戦を戦った結果、想定していたとおりに同盟が機能することが証明されました。ここで頭の体操をしてみましょう。第一次世界大戦当時に被《こうむ》った多大な犠牲《ぎせい》を思い起こすならば「ひとたび有事が発生したとき、同盟国を守るための犠牲はあまりにも大きすぎる。ならば同盟なんてやめてしまったほうがいいのではないか」という作業仮説も成り立ちます。

日本の保守層は「日米同盟絶対」「万が一台湾《たいわん》で有事があれば、アメリカがきっと守ってくれる」と信じているわけです。近未来に台湾有事がいよいよ現実味を帯びてきたとき、それでも日米同盟は変わらず堅持《けんじ》されるものでしょうか。「極東で厄介《やっかい》事に巻きこまれるくらいなら、日米同盟なんてやめて米軍は極東から引き上げてしまおう」という考え方は、理論的にはありえます。

安部―現にトランプ大統領は、在日米軍基地撤退《てったい》や在韓《ざいかん》米軍基地撤退をほのめかして、東アジアの安全保障体制に揺《ゆ》さぶりをかけてきました。

佐藤―同盟関係なり協商関係が永遠に続くわけではないことは、日露戦争から第一次世界大戦の歴史を振り返れば自明の理です。

こういう頭の体操をしていると「いやいや、今は第一次世界大戦のころの世界情勢とは根本的に違う。核の傘《かさ》さえ機能していれば、大国と大国がぶつかり合う対称《たいしょう》戦なんて起きえないのだ」と反論する人もいるでしょう。

安部―でも現に、２０２２年２月に至ってロシアとウクライナとの間で大規模な戦争が勃発してしまいました。

佐藤―「核戦争に発展しない」という意味での抑止は今のところ働いてはいますが、「核兵器さえあれば戦争は起きない」という意味での抑止は機能していません。

力の均衡、同盟という考え方だけで平和を維持《いじ》していくことがいかに危《あや》ういか。序章でも述べましたが、これが第一次世界大戦から学ばなければいけない第一の教訓です。

と同時に、第一次世界大戦から我々が学ばなければいけないプラスの方向での教訓もあります。今後二度とこういった戦争を起こさないために、どこまでも話し合いによって紛争《ふんそう》を解決していくことです。第一次世界大戦の惨禍《さんか》を経て、１９２０年に国際連盟が結成されました。繰り返しになりますが、レーニンが率いる共産主義国家も、まず第一義的に平和へ向けての歩みを布告し、大戦後にとにかくいったん武器を置いた。あのレーニンでさえ、平和を第一義に置いたのです。

「戦争という最終手段に踏《ふ》み切《き》るギリギリ直前まで、国家間の外交交渉によって紛争解決の糸口を探《さぐ》ろう」。第一次世界大戦が起きた結果、こういう流れが世界に生まれました。第一次世界大戦の意義は、功罪相《あい》まって両義的なのです。

第2章　第一次世界大戦の勃発と日本の参戦

オーストリア＝ハンガリー帝国と
セルビアの間で始まった争いは
欧州を巻きこみ、世界へと勢いを増していく。
なぜ西洋の知識人、宗教者は
世界大戦を止められなかったのか。
なぜ日本は参戦したのか。

■ChatGPTが読み解く「第一次世界大戦の原因」

安部―序章末尾《まつび》で、１９１４年のサラエボ事件が話題にのぼりました。第一次世界大戦は、サラエボ事件におけるたった一発の銃声《じゅうせい》を引き金に勃発《ぼっぱつ》します。

佐藤―ここでちょっとイタズラしてみましょう。昨今話題のChatGPT-4（有料版）に、「第一次世界大戦の原因は何ですか」と質問してみました。

安部―まるで人間とおしゃべりしているかのように、Ｑ＆Ａ形式であれこれ教えてくれる生成系ＡＩ（人工知能）ですね。

佐藤―ChatGPT-4の答えを読み上げますね。少し長くなりますが、しばしおつきあいください。

〈第一次世界大戦の原因は複雑で、政治的、経済的、社会的な要因が混在しています。以下にいくつかの主な要因を挙げてみます。

１、ナショナリズム

19世紀と20世紀初頭のヨーロッパでは、国家主義が高まりました。多くの国々が自国の影響力《えいきょうりょく》と地位を強めることを望んでいました。また、特定の民族集団が自己決定を求め、自身の国家を設立するという形のナショナリズムが広がっていました。

2、帝国《ていこく》主義

この時期、多くのヨーロッパの大国は、海外の領土を増やすことで自国の富と力を増大させようとしていました。これはしばしば対立を生み、軍事的な緊張《きんちょう》を高める一因となりました。

3、軍事主義

19世紀と20世紀初頭の間に、いくつかの国々は軍事力を大いに強化しました。この軍備競争、軍事競争は国家間の緊張をさらに高めました。

4、同盟体制

この時期ヨーロッパの多くの国々が、互《たが》いに防衛のために同盟を結びました。これにより一部の地域での小規模な衝突《しょうとつ》が、大きな戦争へと発展する可能性が高まりました。

５、フランツ・フェルディナント大公の暗殺

１９１４年、オーストリア＝ハンガリー帝国の皇太子であるフランツ・フェルディナント大公がセルビアの国民主義者によって暗殺されました。これによりオーストリア＝ハンガリー帝国とセルビアの間に戦争が勃発し、その他のヨーロッパ諸国は、これに巻きこまれるきっかけとなりました。

これらすべての要素が組み合わさり、世界規模の戦争へとつながったのです。それぞれの国々が自国の利益と地位を守るために行動し、それが結果的に大量の破壊《はかい》と人的損失をもたらしました〉

大学入試であれば、おそらくこれで合格点に達しています。序章と第1章で安部さんと私が話し合ってきたことは、ChatGPT-4から出てくる答えから大きく外れていません。

安部――ＡＩに「御名答《ごめいとう》です」と言われても、いささかおもしろくない。作家としては、何か

付け加えたいもんだねえ。（苦笑）

佐藤―安部さんがおっしゃったことは重要です。歴史的事実を読み解き、現代を生きる私たちに役立つ知恵《ちえ》をそこから見出《みいだ》す。その際、作家や有識者ならではの視点を加えなければいけないのです。

２０２３年5月、ニューヨークの公立学校はChatGPTの使用について、禁止していたのを解除すると発表しました。しかし、アメリカ国内ではChatGPTを敵視して、その使用を禁止しています。しかしChatGPTはいたずらに敵視するべき害悪ではありません。ビッグデータに基《もと》づいて標準的な見解を導き出す。世界史の試験に出るような標準的な問題を解くときに、ChatGPTはとても使い勝手がいいのです。逆に言うと、ChatGPTがこうしてスラスラ答えてくれる論点を、一部でも取りこぼすようではいけません。

安部―うっかり論点の取りこぼしがないよう、ケアレスミスのチェックにChatGPTは役立ちそうですね。藤井聡太《そうた》竜王・名人の将棋《しょうぎ》のように、ＡＩが指した膨大《ぼうだい》な棋譜《きふ》を勉強して、そこに人間ならではの独自の視点を付け足していく。佐藤さんがおっしゃるように、ChatGPTとＡＩを敵視することなく、人間が賢明《けんめい》に使いこなしていきたいものです。

■キリスト教が驕った「理性への過信」

安部―佐藤さんが著書『世界宗教の条件とは何か』（潮出版社）の中で、第一次世界大戦が勃発した理由について重要な指摘《してき》をされています。著書を未読の読者のために、一部を抜粋《ばっすい》しましょう。

〈一般に、第一次世界大戦が起こったきっかけは、オーストリア＝ハンガリー帝国の皇太子夫妻がサラエボでセルビアの民族主義の青年たちに殺されたこと（「サラエボ事件」）だと言われています。しかし、じつは歴史家の間では、「第一次世界大戦が起きた原因は、よくわからない」というのが通説なのです。なぜなら、サラエボ事件もその後に起きたことも、本来なら世界大戦の原因になるほどの出来事ではなかったからです。

オーストリア＝ハンガリー帝国と弱小国セルビアでは、まともな戦争になるはずもありません。暗殺者を出した側のセルビアが謝罪して、それで終わりになるはずでした。ところが、セルビアはロシアと同盟し、ロシアはフランスと同盟し、オーストリア＝ハンガリー帝国はドイツと同盟していたので、話が大きくなってしまったのです。

それでもまだ、同盟国同士の話し合いで問題が解決するはずだと、多くの人が思っていました。ところが、一度戦争が勃発してしまったら、同盟関係が逆に戦争拡大の理由になってしまいました。そして、最終的には四年以上の長い世界大戦になり、戦闘員九〇〇万人以上と非戦闘員七〇〇万人以上が死亡するという、人類史上未曾有の悲劇に発展してしまったのです〉（『世界宗教の条件とは何か』佐藤優著、潮出版社、１４２～１４３頁）

佐藤―ヨセフ・ルクル・フロマートカ（１８８９～１９６９、チェコのプロテスタント神学者）は「二度の世界大戦がキリスト教文明から出てきたことを、キリスト教徒は深刻に考えなければいけない」という趣旨《しゅし》の指摘をしています。２０２２年２月に始まったロシアとウクライナの戦争は、残念ながらまたしてもキリスト教文明（ロシア正教対カトリックの対立）から起きてしまいました。

安部―その点について、佐藤さんは先の著書の中で次のように指摘しています。

〈キリスト教徒たちは戦争の歯止めになるべきだったのに、（略）戦争の後押し行為に走ってしまった。間接的には、キリスト教文明圏を覆っていた「理性への過信」の空気が戦

争を引き起こしたという意味で、「キリスト教が第一次世界大戦を起こした」と言うことすら可能なのです〉（同、１４３頁）

佐藤― キリスト教徒が本然的にもつ「理性への過信」と自己絶対化への誘惑《ゆうわく》、仏教用語で言うところの「増上慢《ぞうじょうまん》（まだ覚《さと》りや徳を体得していないのに、体得したと思って慢心《まんしん》を起こし、他より優《すぐ》れていると思うこと）」は度《ど》し難《がた》いものがあります。今回のロシア・ウクライナ戦争でも、キリスト教徒の「増上慢」が噴出《ふんしゅつ》してしまいました。

安部― 佐藤さんの専門であるキリスト教神学の歴史を見ると、地動説が生まれたことによって「神は天上にはいない」とカトリック教会が大混乱に陥《おちい》りました。「では神はどこにいるのか」となったときに、「神は人の心の中にいるのだ」という新しい神学が出てきます。「神は天上にいる」という考え方は、王権神授説（ヨーロッパの絶対王制国家の権力は神から授《さず》かったものとする政治思想）を唱える皇帝《こうてい》国家にとって非常に都合が良いものでした。第一次世界大戦勃発当時にオーストリア＝ハンガリー皇帝だったフランツ・ヨーゼフ１世（１８３０〜１９１６、在位１８４８〜１９１６）は、あの時期にまだ王権神授説の正当性を唱えていたくらいです。

佐藤―「神は人の心の中にいるのだ」という考え方は、自由主義的な発想です。

安部―ただしここには罠《わな》があります。「神は人の心の中にいる」という考え方は、これは私の造語ですが、「人権神授説」（人権は神から授けられたという意）ともいうべき思想をもたらし、さらに突《つ》き進《すす》むと人間が自分を神の位置に置くようになる可能性があるのです。戦争指導者が「我こそが神である」と言わんばかりに軍神と化してしまった歴史はいくらでも見つけることができます。仏教で言うところの「増上慢」に陥ると、自分ではまったく気がつかないうちに魔物《まもの》に心を食い破られてしまうのです。

▩ウンベルト・エーコの『永遠のファシズム』

安部―人類は発生以来、敵意とエゴイズムを制御《せいぎょ》できずに歩んできました。だから有史以来戦争が終わらない。国家体制、イデオロギーの対立のせいであり、民族や宗教の対立のせいでもある。根本的には人間の心の問題です。

佐藤―おっしゃるとおりです。イマヌエル・カント（１７２４～１８０４、プロイセンの哲学《てつがく》者《しゃ》）は次のように喝破《かっぱ》しました。

〈人間の本性は邪悪である。それがむき出しになるのは、民族〔・国民〕と民族〔・国民〕の関係に制約がないときだ（もっとも、市民どうしで法のある状態では、統治〔・政府〕の強制力があるので、邪悪さはベールにしっかり覆われているが）。それにもかかわらず驚くべきことに、法という言葉が、これまで戦争政策から、衒学的《ペダンティック》だとして完全に追放されることはなかったし、これまでどんな国も大胆に、人間は邪悪だという見解を公言したことがない〉（『永遠の平和のために』イマヌエル・カント著、丘沢静也訳、講談社学術文庫、38頁）

安部―なぜ人類は永遠平和を実現できないのか。人間の心の奥底《おくそこ》に邪悪《じゃあく》な攻撃性《こうげきせい》があるからだ、というわけですね。

佐藤―ええ、おっしゃるとおりです。また、ウンベルト・エーコ（1932〜2016、イタリアの小説家）は晩年の作品『永遠のファシズム』で次のように指摘しています。

〈不寛容は生物学的な根源をもち、動物間のテリトリー性のようなものとしてあらわれるから、しばしば表面的な感情的反応に起因する。わたしたちが自分と違う人びとに堪えられないのは、わたしたちが理解できない言語を話すからであり、カエルや犬や猿や豚やニンニクを食べるからであり、入れ墨をするからだ……といった具合に〉（『永遠のファシズム』所収「移住、寛容そして堪えがたいもの」ウンベルト・エーコ著、和田忠彦訳、岩波現代文庫、１５３頁）

どうしてとんでもないファシズム（極右の国家主義的、全体主義的政治形態）が生まれるのでしょう。人間は群れを作る動物です。「あいつはカエルなんて食べている」「あいつは臭《くさ》いニンニクなんて食っているとんでもないやつらだ」と人を差別して、自分たちの集団をできるだけ優位に置こうとする傾向《けいこう》があります。こうした心根の問題が、ファシズムの原因である。常に教育によって不《ふ》寛容《かんよう》を脱構築《だっこうちく》しておかなければ、どこかで必ずファシズムが芽《め》吹《ぶ》いてしまうという警告です。

〈それでも挑戦してみる価値はある。民族上の、宗教上の理由で他人に発砲する大人たちに寛容の教育を施すのは、時間の無駄だ。手後れだ。だから本に記されるより前に、そしてあまりに分厚く固い行動の鎧になる前に、もっと幼い時期からはじまる継続的な教育を通じて、野蛮な不寛容は、徹底的に打ちのめしておくべきなのだ〉（同、１５７頁）

安部― 非常に納得《なっとく》がいく論陣《ろんじん》です。

佐藤― ウンベルト・エーコはイタリアの哲学者であり小説家です。ムッソリーニ（1883～1945、イタリアの政治家）によるファシズムが生まれた国の人だから、「人間は放っておくと悪いことをする。放っておくとファシズムに向かう傾向がある」という性悪説が皮膚《ひふ》感覚でわかっていたのでしょう。

■戦争のリアリズムを直視しないワイドショーコメンテーター

安部― 翻《ひるがえ》って現代を見れば、ワイドショーでロシア・ウクライナ戦争を解説しているコメンテーターの物言いはひどいものです。

佐藤― プラモデル大好き少年が、そのまま軍事評論家や国際政治評論家になるのは良くないですよね。兵器が使われた先で、生身の人間がどういう目に遭《あ》っているかというリアリティが彼《かれ》らには欠如《けつじょ》しています。

　彼らは「いやあ、ジャベリンという対戦車ミサイルはすごくて、これによってロシアの戦車がバンバンやられてるんですよ」と嬉々《きき》として語るわけです。ロシア軍の戦車がやられたとき、その戦車に乗っている3人なり4人の乗組員が、灼熱地獄《しゃくねつじごく》の中で黒焦《くろこ》げになって死んでいく。ワイドショーの解説者たちの心の中に「戦争ほど悲惨《ひさん》なものはない」というリアリティはあるのでしょうか。

安部―ゲームで遊んでいるわけじゃないんだから。あまりにも人間性が欠如しています。

佐藤―命令によって前線に送られたロシア人だって、自分の家族は大切なはずです。故郷で心配している家族たちは、自分の息子《むすこ》や親戚《しんせき》が焼け死ぬなんてとても耐《た》えられません。

ロシア人もウクライナ人も、人殺しがしたくて前線に来ているわけではない。「お国のために戦うのだ」と愛国心に駆《か》られて、やむにやまれぬ思いで命がけで戦っているのです。その人たちが、なぜ戦車の中で焼き殺されなければならないのでしょう。

「命は何よりも大切だ」という当たり前の真理が、ロシアでもウクライナでもその他の国でも、残念ながら建前の言説になってしまっています。「お金より大切なものがある」という人間主義の価値観を大切にしなければいけないのに、世俗化《せぞくか》（宗教が近代社会で衰退《すいたい》していくこと）が進むうちに「記憶力《きおくりょく》が良くて、情報処理能力が高い人間は使い勝手がいい」という歪《ゆが》んだ価値観のほうが優位に立ってしまう。「人間の価値は、豊かな人間性や思いやりを大切にしていることにあるよね」という当たり前の価値観が劣位《れつい》になってしまうのです。

安部―第一次世界大戦が起きた当時も、佐藤さんがおっしゃる人間主義の価値観が見えなくなっていたのでしょう。

佐藤―その戦争を経験した結果、「こんな悲惨な戦争は絶対に起こしてはならない」と人類の人間観、価値観は変わったはずです。なのに第一次世界大戦から１００年過ぎた今、またしても人類は愚《おろ》かなことを繰《く》り返《かえ》してしまいました。

ここで「人間は反省しない愚かな生き物だ。大戦争と大量破壊が起きることによって、新しい世界が生まれるのを期待するしかない」とあきらめの境地に入ってはいけません。ここで今一度踏《ふ》ん張《ば》り、なんとしても人類の運命を変えなければいけないと思うのです。

こういう時代だからこそ、第一次世界大戦について再考し、こうして語り合うことには大きな意味があります。第一次世界大戦を勉強すれば、ロシア・ウクライナ戦争がどうして発生したのか、この戦争を終わらせるために何をすればいいかが見えてきます。第一次世界大戦は、ロシア・ウクライナ戦争の構造を先取りしているのです。

■ドイツ知識人による「93人のマニフェスト」

安部―第一次世界大戦が起きた当時、ヨーロッパの有識者たちは何をやっていたのでしょう。

驚《おどろ》くべきことに、彼らは戦争に反対するどころか、戦争を戦う正当性を主張して参戦に賛成しました。

１９１４年９月17日、イギリスの作家53人は「イギリスの戦争の擁護《ようご》」という声明を発表します。10月４日には、ドイツの知識人が連名で「93人のマニフェスト」を発表しました。ノーベル賞受賞者や哲学者、神学者、劇作家など、93人の知識人がこぞってドイツ参戦を正当化しています。

佐藤｜名だたる知識人たちが、第一次世界大戦にドイツが参加することを全面的に礼讃《らいさん》しました。

安部｜太平洋戦争が始まるときも、日本の学者のほとんどは軍部政府の決定に反対しませんでした。それと同じことだと思います。もちろん心の中では「こんな野蛮な戦争には反対だ」と思っている学者もいっぱいいたでしょう。でも「東京帝国大学教授」とか「京都帝国大学教授」いう肩書《かたがき》の学者で「戦争に賛成するこの文書に署名してくれ」と頼《たの》まれたときに「平和主義と良心に基づいて拒否《きょひ》します」と言える勇気がある人は、なかなかいないでしょう。それと同じことがドイツでも起きたのだと思います。

「93人のマニフェスト」には、アドルフ・フォン・ハルナック（１８５１〜１９３０）というドイツのプロテスタントの自由主義神学者も参加しています。この学者はビスマルクに登用され、宗教理論だけではなく教育政策にも力を発揮したブレーンです。ビスマルクが失脚《しっきゃく》したあと、彼はおそらく「ビスマルクの使命を受《う》け継《つ》ぐのは私だ」というぐらいの自意識をもっていたのではないでしょうか。

佐藤――まさにそのとおりだと思います。ハルナックは、当時「ヨーロッパ最大の知識人」とも目《もく》されていた人物です。しかし、そのハルナックが、第一次世界大戦勃発に際して、戦争を肯定《こうてい》する「93人のマニフェスト」に署名してしまった。キリスト教の歴史に汚点《おてん》を残す痛《つう》恨事《こんじ》です。人間は目の前で起きている不正義や矛盾《むじゅん》を、都合良く知的に操作する能力をもっています。戦争を正当化する知的作業を進めるなかで、どんどん世俗化が進んで人間性を喪《そう》失《しっ》していってしまったのではないでしょうか。

　これは先ほども申し上げたキリスト教徒が本然的にもつ「理性への過信」がもたらした結果であり、その根底には、安部さんが指摘された「人権神授説」――人間が自分を神の位置に置くようになってしまった増上慢があったのです。

安部――少なくとも「93人のマニフェスト」に賛同した有識者たちが「この戦争に勝算あり」と信じていたことはたしかです。「ドイツ帝国のために、ヴィルヘルム2世のために、ひと働きしようや」と腕《うで》まくりしたのでしょう。

佐藤―「それが人類の文化のために資《し》する。この戦争がドイツ固有の伝統と文化を守るのだ」と信じてしまったのです。

■太平洋戦争を肯定した京都学派の「近代の超克」

佐藤―パール・ハーバー（真珠湾《しんじゅわん》）攻撃《こうげき》（日本時間で１９４１〈昭和16〉年12月８日未明）翌年の１９４２年、京都学派を中心とする13人の知識人による有名な座談会「文化綜合《そうごう》会議シンポジウム――近代の超克《ちょうこく》」が企画《きかく》されました。

出席者は河上徹太郎《かわかみてつたろう》（１９０２〜80、文芸評論家、司会）、西谷啓治《にしたにけいじ》（１９００〜90、哲学者）、諸井三郎《もろいさぶろう》（１９０３〜77、音楽評論家）、鈴木成高《しげたか》（１９０７〜88、西洋史家）、菊池正士《きくちせいし》（１９０２〜74、物理学者）、下村寅太郎《とらたろう》（１９０２〜95、科学史家）、吉満義彦《よしみつよしひこ》（１９０４〜45、カトリック神学者）、小林秀雄《ひでお》（１９０２〜83、文芸評論家）、亀井勝一郎《かついちろう》（１９０７〜66、文芸評論家）、林房雄《ふさお》（１９０３〜75、文芸評論家）、三好達治《みよしたつじ》（１９００〜64、作家）、津村秀夫《つむらひでお》（１９０７〜85、朝日新聞記者）、中村光夫《みつお》（１９１１〜88、文芸評論家）です。

１９４２（昭和17）年の文芸誌『文學界』（文藝春秋）９月号と10月号に「近代の超克」を

考察する各論者の論文が掲載《けいさい》され、10月号に大座談会が掲載されました。

安部—日本屈指《くっし》の知識人が集結し、侵略《しんりゃく》戦争を正当化していきました。座談会の参加者は、決して知的水準が低い似非《えせ》インテリではありません。

佐藤—そこが怖《こわ》いのです。知識人はいろいろな理屈《りくつ》を作ることができます。「この戦争において、軍人のみならず多くの民間人が血を流し、苦しみながら死んでいく」というリアリティを超克する悪辣《あくらつ》な知的操作が、知識人にはできてしまうのです。

「あなたはいずれ死にます。生きるということは、死に近づくことなのです。良く生きるとはどういうことか。それは、いかに死ぬかに如実《にょじつ》に現れます。最後まで自分の私利私欲を追求して死ぬのか。あるいは小説『塩狩峠《しおかりとうげ》』（三浦綾子《あやこ》著、新潮文庫）に出てくる青年のように、他の乗客を助けるため鉄道の下敷《したじ》きになり、事故を防いで死んでいくのか。ここで一粒《つぶ》の麦が死ぬことによって、多くの人を生かす道もありますよ」

こういうレトリック（巧《たく》みな表現をする技法）を、知識人はいくらでも作れるのです。

なお「近代の超克」座談会については、序章でも紹介《しょうかい》しましたが、マルクス主義研究で有名な廣松渉《ひろまつわたる》が『「近代の超克」論』（講談社学術文庫）で詳《くわ》しく分析《ぶんせき》しています。興味がある読者は、この本を読んでみてください。

田辺元の「悪魔の京大講義」

佐藤― 田辺元《たなべはじめ》（１８８５〜１９６２）という京都学派の哲学者は、太平洋戦争前夜の１９３９（昭和14）年５〜６月に、京都帝国大学で連続講義をしました。私はかつて、若い人たちと一緒《いっしょ》に泊《と》まりがけの合宿でこの講義を読み解いたことがあります。

安部― 大演説で田辺元はどんなことを言っているのですか。

佐藤― 〈『即ち我々が生きている事が死につつある事なのである。』「善悪と同じく生死は離れているものでない。我々は唯生きて居ると考えるから死を恐れるのであるが、死は始終実は生にくっついているのである。」「私は明日死ぬかも来年死ぬかも分らない。」「私が死ぬ事は決っている。」「唯何時死ぬかは不定である。」〉（『学生を戦地へ送るには　田辺元「悪魔《あくま》の京大講義」を読む』佐藤優著、新潮社、２９４〜２９６頁）といったことを言っています。

安部― 当たり前すぎる事実の羅列《られつ》ですね。そこからどうやって論理が飛躍《ひやく》していくのでしょう。

佐藤― まさに、当たり前のことを言っているだけなのですが、この後から怪しくなっていきます。

〈「所で我々が死に対して自由になる即ち永遠に触れる事によって生死を超越するというのはどういう事かというと、それは自己が自ら進んで人間は死に於て生きるのであるという事を真実として体認し、自らの意志を以て死に於ける生を遂行する事に外ならない。」「具体的にいえば歴史に於て個人が国家を通して人類的な立場に永遠なるものを建設すべく身を捧げる事が生死を越える事である。」〉（同、２９６～２９８頁）

安部―うわっ、ものすごい飛躍だなあ。要するに、京大生に向かって「お国のためにあなたたちの命を捧《ささ》げなさい」と迫《せま》っているわけだ。

佐藤―田辺元が言わんとしていることを、うんと意訳《いやく》してわかりやすくまとめてみましょう。

「近代戦の特徴《とくちょう》を知っていますか。戦争は三次元構造です。空襲《くうしゅう》があるのです。銃後《じゅうご》にいても前線に行かれる皆《みな》さんも、同じように戦争の危険に直面します。戦場に出れば、あなたたちは死ぬかもしれない。だからといって、あなたたちが戦場で戦わなければ、銃後にいるあなたの家族がみすみす命を落とすことになります。重要なのは、いかに生きるかであり、いかに死ぬかです。一人一人の人生は有限です。悠久《ゆうきゅう》の大義のために死ねば、人は永遠に生きることができる。皆さんが永遠に生きる道を、私は皆さんにお伝えしたいと思うのです。永遠に生きる道を選ぶかどうか。あとは皆さんお一人お一人の判断にかかっています」

安部―冷静に読み返してみれば滅茶苦茶《めちゃくちゃ》な論理の飛躍があるのに、畳《たた》みかけられるうちに集団が興奮状態に陥って「よっしゃ、オレも学徒出陣《しゅつじん》で突撃《とつげき》するぞ。戦場で死んだときには靖国《やすくに》で会おう」と熱狂《ねっきょう》してしまう。

佐藤―このとんでもない講義録は、当時大ベストセラーになりました。

■軽井沢に逃げた田辺元が戦後に出版した『懺悔道としての哲学』

佐藤―田辺元はとても頭がいい人物だったため、１９４４（昭和19）年頃《ごろ》になると懺悔道《ざんげどう》の研究を始めます。

安部―京都帝国大学での大演説で学生を戦争に煽《あお》り立《た》てたことを、あとになって懺悔し始めるのですか。

佐藤―「しまった。日本はだいぶ旗色が悪いぞ。よく考えてみたら、私は間違《まちが》えていたかもしれない」と気づいたのでしょうね。終戦直前の１９４５年に京都帝国大学教授を退官になると、彼はすぐに軽井沢《かるいざわ》に引っこみました。

安部―それはずいぶんと逃《に》げ足《あし》が早い。そして逃げ場所が適切です。知る人ぞ知る話ですが、軽井沢は空襲を受ける心配がない安全な避難所《ひなんじょ》でした。

佐藤―軽井沢には中立国であるスイスやスウェーデンの公使館がありましたからね。ここでは絶対に空襲がないことを、知識人である田辺元は知っていたのです。箱根の強羅《ごうら》には、ソ連大使館がありました。軽井沢と箱根の二カ所は空襲を受ける心配がなかったため、戦時中にもかかわらず高級別荘地《べっそうち》として栄えました。

　中立国でアメリカの利益代表を務めていたスイスを通じて、日本は「軽井沢には中立国の公使館があります。絶対空爆《くうばく》しないでくださいね」とアメリカに地図を渡《わた》していたのです。

安部―戦争中に、自分の息子を中立国に留学させた人もいます。

佐藤―悠久の大義を説く知識人や戦争指導者が、そういう生き方をしていたのです。なお戦後になると、田辺元は１９４６（昭和21）年に『懺悔道としての哲学』（岩波書店）という本を書いて、これまた大ベストセラーになりました。キリスト教神学について解説した『キリスト教の弁証』（筑摩書房）も１９４８（昭和23）年に出版してベストセラーになります。学生を大勢戦場で死なせた責任を反省する素振《そぶ》りを見せつつ、懺悔道を説く。書く本、書く本が常にベストセラーになる。

安部―そういう生き方が、はたして人間としてどうなのか。首を傾《かし》げるばかりです。

■日本が第一次世界大戦に参戦した最大の理由

安部―ここで時計の針を１９１４年8月まで戻《もど》し、第一次世界大戦に日本が参戦した理由について振《ふ》り返《かえ》ってみたいと思います。セルビア人の青年によってオーストリア＝ハンガリー皇太子と皇太子妃《ひ》が暗殺されたのは、１９１４年6月28日のことでした（サラエボ事件）。

7月28日、オーストリア＝ハンガリーとセルビアが戦争を開始します。8月1日にはドイツがロシアに宣戦布告し、8月3日にはドイツとフランスが戦闘状態に突入《とつにゅう》しました。この段階でイギリスが参戦を決定し、8月8日には日本も参戦を決めます。

佐藤―ややこしいことに、日英同盟があるからといって、日本がイギリスに追随《ついずい》して参戦する義務はないのです。第二次日英同盟で、「日英のいずれか一方が他の一国以上と交戦した場合は、同盟国はこれを助けて参戦する」ことを義務付けた攻守《こうしゅ》同盟に強化されてはいましたが、その適用範囲《はんい》は、中国と朝鮮《ちょうせん》、そしてインドまででした。ヨーロッパはその適用範囲ではなかったのです。

安部―加藤高明《かとうたかあき》外務大臣は「同盟の情誼《じょうぎ》」という言葉遣《ことばづか》いによって、日本の参戦を主張しました。これに対してイギリスは、宣戦布告を見合わせるよう日本に要請《ようせい》します。日本はこれを突っぱねて「ドイツ勢力の根源を除去することが目的だ」と言って8月23日に参戦しました。

佐藤―安部さんは、なぜ日本がイギリスの反対を押《お》し切《き》って第一次世界大戦に参戦したと考えますか。

安部―漁夫の利を得ようと考えたからでしょう。「この戦争は、日本が漁夫の利を得られるチャンスだ。稼《かせ》げるだけ稼ごうじゃないか」という意思決定のもとに、参戦を決断したのだと思います。日英同盟による参戦義務なんてないのに、「道義的に参戦するべきだ」というグレーゾーンの理由で日本は参戦を決断しました。

佐藤―「漁夫の利を得ようとした」という見立てに賛成します。1914（大正3）年10月31日から11月7日にかけて、日本とイギリスはドイツの拠点《きょてん》だった青島《チンタオ》の要塞《ようさい》を攻略《こうりゃく》しました。さらに南洋諸島で取れるものを取れるだけ手にします。一連の戦闘で、日本兵はたいして死んでいません。

おかげで、第一次世界大戦が終了《しゅうりょう》したあと日本は国際連盟で主流派に入ることができました。

安部―1920年1月10日に国際連盟が結成されると、イギリスやフランス、日本やイタリアが常任理事国に選ばれています。

佐藤―ちなみにアメリカは、日本の参戦を非常に嫌《いや》がりました。

安部―当時アメリカはフィリピンを植民地にし、中国への進出を狙《ねら》っていました。ドイツが東アジアでもっている利権を日本が獲得《かくとく》すれば、日本は東アジアでさらに力をつけ、アメリカの相対的な影響力が弱まってしまいます。各国の帝国主義的な思惑《おもわく》が複雑に入り組むなか、日本の参戦をアメリカは神経質なまでに嫌がったわけです。

佐藤―「第一次世界大戦のおかげで工業化も進んだ。我《わ》がほうで少しばかりたいへんだったのは、青島要塞の攻撃ぐらいだ。第一次世界大戦はいいことばかりだった」という世界大戦へのリアリティのなさが日本にはありました。

1933（昭和8）年に発刊された『大百科事典』第20巻（平凡社）には、「日独戦争」という項目《こうもく》で第一次世界大戦が説明されているのです。この『大百科事典』には「第一次世界大戦」という項目はありません。当時の日本の認識《にんしき》では、世界大戦ではなくドイツとの局地戦という認識だったのです。

この鈍麻《どんま》した感覚は今にも通じます。「ロシア・ウクライナ戦争が第三次世界大戦化するかもしれない」と世界中が警戒心《けいかいしん》をもって注目しているにもかかわらず、日本人は「所詮《しょせん》、どこか遠くの話じゃないか」という雰囲気《ふんいき》です。第一次世界大戦当時の日本の世論の雰囲気も、今と似ていたのではないでしょうか。

■世界で最初に航空母艦を造った日本

佐藤―青島の戦いは、日本が航空戦の重要性を確信したという意味でも重要です。

安部―青島は黄海《ホワンハイ》の西側にありますから、日本からそれほど遠く離《はな》れているわけではありません。青島攻略を航空戦にしなければならない必然性はありませんでした。

佐藤―日本はこの戦いで、飛行機という新しい兵器の威力《いりょく》を確かめてみたかったのです。空から偵察《ていさつ》をして、叩《たた》くべきポイントをしっかり見極《みきわ》めて爆撃《ばくげき》を仕掛《しか》ける。「戦争に飛行機はかなり使えるぞ」と確信した日本は、そこから航空部隊を整備していきました。

　さらにそのあと何が起きていったか。なんと１９２０年代の段階で、日本は世界で最初に空母（航空母艦《ぼかん》）を完成させているのです。

安部―よく「日本が太平洋戦争に負けた理由は、空母をもたず対艦巨砲主義《たいかんきょほう》に陥ったせいだ」と言うでしょう。それは大きな勘違《かんちが》いです。日本はどこの国よりも早く空母の建造に着手しました。

佐藤― 空母についての日本の理解度は、相当進んでいたのですよね。戦争で飛行機を使うようになった時期は、日本がヨーロッパとほぼ同時ではないでしょうか。飛行機で爆弾《ばくだん》を落とす戦闘法については、日本のほうがヨーロッパより少し早かったくらいです。

安部― １９１９（大正８）年には、福岡県の南部に大刀洗《たちあらい》飛行場が完成しました。ここからアジア方面に陸軍の戦闘機《せんとうき》を飛ばすのです。第一次世界大戦には間に合わなかったものの、「やがて戦争は航空戦の時代になる。今のうちに航空兵力を拡充《かくじゅう》しておかなければならない」という発想のもとに、日本は大刀洗飛行場を整備しました。なおこの空港は、太平洋戦争末期に特攻隊《とっこうたい》の発進基地として使われています。

佐藤― 飛行機の話は、日本の戦争の歴史を語るうえでかなり重要な要素です。戦前、日本の航空路線は驚くほど発達していました。ベトナムのサイゴン（現・ホーチミン）くらいまでであれば、日本から飛行機で簡単に行けたのです。

　今の日本航空（ＪＡＬ）とは別に「大日本航空」という会社がありまして、タイのバンコク乗《の》り換《か》えでヨーロッパにも行けました。戦時中の日本は、世界屈指の航空大国だったのです。

■宣戦布告から始まった珍しい戦争

佐藤　第一次世界大戦への日本の参戦について、『日本の歴史⑲ 帝国主義と民本主義』（武田晴人著、集英社、52～55頁）にはこう書いてあります。

〈イギリス政府は、翌四日（引用者註＊1914年8月）、駐日大使を通じて「もし戦闘が極東に波及し、香港《ホンコン》および威海衛《いかいえい》が襲撃された場合に、イギリス政府は日本政府の援助に信頼する」との希望を伝えていた。この申し入れは、七日にイギリス政府から正式に伝えられたが、これをうけた大隈《おおくま》内閣はその態度決定を迫られた。

日英同盟を外交の基本と考えていた加藤高明《かとうたかあき》外相は、閣議で「日本は今日、同盟条約の義務によって参戦せねばならない立場には居ない」、しかし、イギリスからの依頼に基づく「同盟の情誼《じょうぎ》」と、ドイツの根拠地を東洋から一掃することによって生ずる日本の利益との二つの理由から参戦すべきだと主張した。八日未明、臨時閣議は参戦の方針を決定した。（略）

イギリス政府は「日本の対独宣戦は支那大陸にも戦線拡大の印象を与え、たちまち支那の不安を激発するおそれがあるから、日本は海上貿易保護の範囲にその活動を局限」し、宣戦布告を見合わせるよう要請する文書を送ってきた。（略）

この対立は、一七日に、「日本は戦闘区域を太平洋に拡大しない」との声明をイギリスが一方的に発表し、日本政府が、これに抗議しつつ同時に、参戦の目的は、「ドイツ勢力の根源の除去」にあり、「領土の拡張その他の欲望を達成せんとする意図は寸毫もたない」と声明して終止符がうたれた。こうして、二三日宣戦が布告された〉

この解説の中で、日清《にっしん》・日露《にちろ》戦争や太平洋戦争とは根本的に違う特徴があります。日本が仕掛けた戦争の中では珍《めずら》しいことに、第一次世界大戦は宣戦布告してから戦争しているのです。

安部―あっ、そう言われてみればそうですね。

佐藤―日本は戦争するとき、いつも一発目を先に殴《なぐ》るところから始めますからね。第一次世界大戦では、国際スタンダードに基づいてまず宣戦布告し、「ドイツからの返事がない」という理由で攻撃に踏《ふ》み切《き》りました。一応手続きをしっかりと踏んでいるのです。

安部―当時の日本には相当余裕《よゆう》があったのでしょう。日本の軍事力は、極東に駐留《ちゅうりゅう》するドイツ軍よりも圧倒的《あっとうてき》に強かった。だから急いで先制攻撃を仕掛けて優位に立つ必要もないし、勝てるかどうか不安に陥ることもなかったのでしょう。

佐藤―ドイツ本国から追加の兵隊や船を送ろうと思ったら、ヨーロッパから南アフリカの喜《き》望峰《ぼうほう》経由でグルッと延々回ってこなければいけません。極東に残されているドイツの残留部隊なんて、全然調子が良くなかった。戦端《せんたん》からドイツ軍は籠城戦《ろうじょうせん》を決め打ちされていたわけです。籠城戦といっても、いつまでロジスティクス（兵站《へいたん》）がもつのかどうかもわからない。そもそも、味方が助けに来てくれるかどうかすらあやふやな状態でした。

安部―当時のイギリスは、東アジアに戦力をさく余裕はなくなりつつありました。

佐藤―だからイギリスにとって、第一次世界大戦は国家存亡の最大の危機と言ってもいい大ピンチだったのです。ナポレオン戦争と同じぐらいの危機感があったと言っても過言ではありません。

安部―その意味でも、第一次世界大戦は日本にとって大きな旨味《うまみ》のある漁夫の利でした。「イギリスもドイツも大混乱だ。この間にオレたちは東アジアでやりたい放題できる」と増長したのではないでしょうか。

■トランプの大統領再選で見える近未来

佐藤―ところで現在のアメリカと、日露戦争や第一次世界大戦当時のアメリカはすごく似ていると思いませんか。大きな戦争が起きているなか、アメリカはほぼ局外の安全地帯にいる。実際の戦闘はほかの国の人がやってくれて、武器はヨーロッパ諸国がこぞって買ってくれる。アメリカは儲《もう》かる一方で、お金はザックザック入ってきます。

安部―まったくもって、現在のアメリカと似通っていますね。

佐藤―ロシア・ウクライナ戦争開戦後、ドイツは対露《たいろ》措置《そち》を採ったため、ロシアからシェールガスを買えなくなってしまいました。代《か》わりにアメリカからシェールガスを輸入することになると、とんでもないことに、アメリカはロシアの４倍もの値段でドイツにシェールガスを売りつけるのです。

安部―ゼレンスキー大統領が「武器はいくらでもほしい。どんどん送ってくれ」と国際社会に呼びかけるなか、軍産複合体は空前の大儲けです。

佐藤―あの兵器を買う費用は、借款《しゃっかん》（国家による資金の融資《ゆうし》）で貸しつけています。伝票の支《し》払《はら》いは、あとで西側諸国にバラまいて回収すればいい。お金を貸す金融《きんゆう》資本も大儲けです。

なおかつ、アメリカ本土がロシアによって攻撃される心配は、第三次世界大戦か核戦争《かくせんそう》にまで戦争が拡大しない限りありえません。

安部―日本は２０２３年度から27年度にかけて、５年間の防衛費を総額43兆円まで増やす方針を決めました。現状の防衛費が年間６兆円であることを考えると、５年間で総額13兆円もの増額です。国産の装備増強であれば日本の重工業メーカーが潤《うるお》いますが、日本がアメリカから武器を買えば買うほど、国庫は外貨に流れていく一方です。

佐藤―こういうまずい現状にストップをかけるのは、ひょっとするとトランプ氏かもしれません。

安部―２０２４年11月のアメリカ大統領選挙でトランプ氏が再選されれば、ビジネスライクで打算的な彼は「こんなバカバカしい世迷《よま》い言《ごと》はおしまいだ」と言って、プーチン大統領とのディール（取引）に打って出て戦争を終わらせてくれるかもしれません。

佐藤―トランプ氏がもう一度大統領になれば、間違いなくバイデン政権の逆打ちをします。ですから、この戦争をやめることは間違いありません。でもそうなればなったで、ロシアの言い分がほぼ全面的に通ったうえで終戦することになります。それが世界にとって良いことなのかどうかという問題はありますが、ひとまずいったん休戦になることは間違いありません。

いずれにせよ、トランプ氏の偉大《いだい》さを我々は過小評価するべきではないと思います。２０

16年11月の大統領選挙で民主党のヒラリー・クリントン氏が当選していたら、朝鮮半島で爆撃が始まって日本にも北朝鮮《きたちょうせん》のミサイルが飛んできていたでしょう。

トランプ氏は金正恩《キムジョンウン》氏のことを「リトル・ロケットマン」と挑発《ちょうはつ》しまくっていたのに、途中《とちゅう》で二人は無二の親友であるかのように堅《かた》く握手《あくしゅ》した。そのおかげで朝鮮半島における有事はなくなりました。

安部―その後、民主党政権に政権交代してからというもの、アメリカと北朝鮮の間で対話の糸口はまったくありません。

佐藤―今や北朝鮮は、核弾頭《かくだんとう》を積んでアメリカ大陸まで到達《とうたつ》するＩＣＢＭ（大陸間弾道ミサイル）を完成させました。こうなると、アメリカは恐《おそ》ろしくて北朝鮮とは絶対に戦争なんてできません。当初、トランプ政権は米軍と北朝鮮が交戦する可能性はゼロではないととらえていました。その可能性を力業《ちからわざ》で抑《おさ》え、平和を実現する役割をトランプ氏は果たしたのです。

■小説家とノンフィクション作家の決定的な違い

佐藤―余談ですが、アジュマブックスという出版社から、チョ・ソニという韓国《かんこく》の有名な作家が書いた『三人の女 二〇世紀の春』という小説の翻訳《ほんやく》版が出版されました。韓国で初期の共産主義運動に身を捧げた朴憲永《パクホニョン》（１９００〜56、政治家）という共産主義者がいまして、その人と周辺の人物を描《えが》いた小説です。韓国の共産主義運動は、女性解放運動の側面がすごく強かったんです。男尊女卑《だんそんじょひ》がひどかった韓国社会で、朴憲永は女性解放を夢見ました。

この『三人の女』という小説は史実に徹底的《てっていてき》に即《そく》して書かれているわけですが、史実の要素だけではどうしても埋《う》められない部分に関しては、作者が大胆《だいたん》な想像によって脚色《きゃくしょく》を加えていきます。

ここは安部さんが手がけておられる歴史小説の特徴でもあると思うのです。史実からかけ離れた部分を、想像によって書きこむことはいくらでもできます。そのとき安部さんは「ここまでは史実としてありうるだろう」というギリギリの枠内《わくない》に記述を抑え、ものすごく自己抑制《よくせい》しながら書かれていませんか。

安部――歴史を題材に作品を書くとき、作家は歴史の土台を尊重しなければなりません。想像力を働かせてテキストを書きこむときには「リアリティの範囲で記述を伸《の》ばしていこう」という謙虚《けんきょ》さが必要です。率直《そっちょく》に申し上げて、僕《ぼく》は歴史に対して常に「則天去私《そくてんきょし》」でありたいと努力しています。

佐藤――天に則《のっと》り、私を去る。私心を捨てる。夏目漱石《なつめそうせき》（１８６７〜１９１６、小説家／教育者）

が晩年に理想とした境地であり、漱石の造語です。

安部―歴史小説家が私心にとらわれてペンを走らせたら、真実を見失ってしまいます。心を見つめ、内省を深める。この作業をゆめゆめおろそかにすることなく、僕は執筆《しっぴつ》の仕事に取り組んでいます。

佐藤―この対談シリーズが1冊で終わらず、5作にわたって続いてきた背景に、私の貢献《こうけん》はほとんどありません。お世辞抜《ぬ》きに、安部さんの功績です。

　史実だけに基づいて議論していたら、どうしても埋めらない部分がありますよね。そこのところは読者がついてこられるように、私か安部さんのどちらかが大胆な想像力を加味して補助線を引かなければなりません。そのとき、安部さんにはとても強い自己抑制力が働いていることが私にはよくわかるのです。

　小説家だから、大胆にいろいろなストーリーを組み立てて作っていくことはもちろんできます。それでも安部さんは厳しく自己を律して、リアリティから大きく逸脱《いつだつ》する間違いは犯《おか》さない。

安部―いやいや、そう言っていただくとうれしいなあ。たしかに、おっしゃるとおりなんです。歴史への敬意を忘れ、自分の想像力のままにストーリーを自由に伸ばしていったら、読者の共感なんて得られません。そうした態度は、誠実な読者に対する背信行為《こうい》です。

佐藤―安部さんとこうして一緒に語り合っていると、ノンフィクション屋の私はすごく勉強になるのです。ノンフィクション屋は、絵を描くように、ゼロから作品を作ることができません。彫刻《ちょうこく》をするときに木を削《けず》っていくように、すでに存在するものから余計な部分を削り落としながら作品を作り出す。そこにリアリティが欠如した何かを付加することは、ノンフィクション屋にとって禁じ手です。

小説家は、史実にない何かを付加することが禁じられてはいません。ただしそのとき、はたして作家の手でどこまでテキストを付加していいものか。ここのルールは作家本人にしか決められません。ここが小説家に課せられたたいへんな戦いなのです。同じ作家として、この対談を通じて私は安部さんから重要な刺激《しげき》を受けています。

第3章　対華二十一カ条の要求

中国に強圧的な要求を突きつけた日本。
こうした動きは日本陸軍の暴走だったのか。
排日運動、日本製品不買運動が
巻き起こる中国では、
文豪・魯迅が「精神の改造」を目指して
文芸運動に立つ。

■始まりから軍事独裁政権だった明治維新政府

安部―　１８９４（明治27）～95年の日清《にっしん》戦争に日本が勝利すると、巨額《きょがく》の賠償金《ばいしょうきん》や割譲地《かつじょうち》を奪《うば》われた清国《しんこく》は弱体化していきます。「君主制を打倒《だとう》して共和制を樹立し、我《わ》が国を立て直すべきだ」という民衆の声に押《お》され、１９１１年10月10日に辛亥《しんがい》革命が起きました。これによって３００年ほど続いた清国は滅《ほろ》び、１９１２年１月１日に中華民国《ちゅうかみんこく》が設立されます。臨時大総統を務めたのは孫文《そんぶん》（１８６６～１９２５、革命家／政治家）でした。

　１９１３年10月６日、日本政府は中華民国を承認《しょうにん》します。それから10カ月後の１９１４年８月23日、日本は第一次世界大戦に参戦しました。さらに１９１５年１月18日、日本は中華民国に対して対華《たいか》二十一カ条の要求を突《つ》きつけたのです。

「ドイツが山東《シャントン》省にもっていた権益を日本に継承《けいしょう》せよ」「旅順《リュイシュン》・大連《ターリエン》の租借《そしゃく》期限と満鉄（南満州《みなみまんしゅう》鉄道）、安奉《あんぽう》鉄道の権益期限を99年に延長せよ」「中国沿岸の港湾《こうわん》・島嶼《とうしょ》部の他国への割譲・貸与《たいよ》を禁止せよ」など21項目《こうもく》にわたって求め、中国国内で排日《はいにち》運動や日本製品不買運動が沸《わ》き起《お》こるきっかけとなりました。

佐藤―「旅順や大連の租借権を１９９７年まで認めろ」なんていう強圧的な要求を突きつけ

たわけですから、大反発を招くのは当然です。こうした動きについて「日本陸軍が内閣のコントロールから逸脱《いつだつ》した」と評する向きもありますが、安部さんはどう見ていますか。

安部─１８６８（明治元）年に、明治天皇（１８５２〜１９１２）が宣布した明治新政府の基本政策である五箇条《かじょう》の御誓文《ごせいもん》では、「広く会議を開いて、すべての政治は人々の意見によって行《おこな》う」などとうたわれました。

一般的《いっぱんてき》には五箇条の御誓文にうたわれた理念によって、「明治維新《いしん》は理想的な世直しだった。日本陸軍の暴走によってその理想がだんだん崩《くず》れ、日本は軍国主義へ向かっていった」という認識《にんしき》がよく語られますが、僕《ぼく》はその認識は間違《まちが》っていると見ているんです。なぜかというと明治維新政府はそもそも軍事独裁政権だったからです。

薩摩藩《さつまはん》・長州藩出身の藩閥《はんばつ》が、自分たちの仲間を集めて軍事独裁政権を作り、日本を急速に近代国家に変えていこうとしました。

明治政府の姿勢を象徴《しょうちょう》する出来事が、１８７３（明治６）年に正装として明治天皇に軍服を着せたことです。

佐藤─大礼服を着用していた明治天皇は、ある段階から軍服を着るようになりました。口ヒゲを蓄《たくわ》えて物々しい表情で身構え、軍服姿の片手にはサーベルを握《にぎ》っている。あの姿を見た国民は、それまで天皇に抱《いだ》いていたイメージを一新させたはずです。
安部―明治天皇に軍服を着せた官吏《かんり》は、プロイセン式の皇帝《こうてい》をイメージしたに違いありません。あの服装を正装と定めた事実こそ、明治政府がまさに軍事独裁政権だった象徴です。
佐藤―明治政府はそもそも始まりから軍事独裁政権だった。対華二十一カ条の要求を突きつけるに至って、そこで初めて日本陸軍が暴走したわけではない、ということですね。
安部―ええ。僕はそう見ています。

■大日本帝国憲法と軍部大臣現役武官制

安部―その後、明治政府は軍事独裁政権としての体制を着々と整えていきました。１８８９（明治22）年に制定された大日本帝国憲法（明治憲法）では〈天皇ハ陸海軍ヲ統帥《とうすい》ス〉と定め（第11条）、陸軍と海軍の統帥権を天皇の大権（統治権）として独立させています。
　１９００（明治33）年には、山縣有朋《やまがたありとも》（１８３８〜１９２２）内閣が軍部大臣現役《げんえき》武官制を制定しました。陸軍大臣と海軍大臣は、現役の大将ないし中将から選出するという制度です。
佐藤―軍部大臣現役武官制が作られる前は、文官から軍部大臣が選ばれるケースもありました。この制度によって、軍部の専制化が始まります。

安部―大日本帝国憲法を制定するにあたり、枢密院《すうみついん》（天皇の最高諮問《しもん》機関）や元老院（立法諮問機関）は藩閥官僚《かんりょう》の拠《よ》り所《どころ》となっていきます。彼《かれ》らの意向を遺憾《いかん》なく組みこむ形で、軍事独裁政権を保障する条項《じょうこう》が大日本帝国憲法に次々と組みこまれていきました。軍事独裁国家であるドイツやロシアを真似《まね》て、明治政府は大日本帝国憲法を作っていったのです。

佐藤―対華二十一カ条の要求は、明治時代の日本にとって重要な分水嶺《ぶんすいれい》でした。帝国主義の時代においては、常に「食うか食われるか」というゲームが展開されています。日清戦争でも日露《にちろ》戦争でも、日本は「食うか食われるか」という切実な危機感に駆《か》られていました。

二つの戦争に連続勝利した日本は、当面の間「食われる」というリスクから解放されたわけです。第一次世界大戦に参戦し、対華二十一カ条の要求を出すころには、日本はすでに露《ろ》骨《こつ》に「食う」側に回っていました。軍事専制のもとで周辺諸国を食いにかかり、悪い意味で急速に「勝ったほうの帝国主義国」の真似をしていったのです。

■勝ち馬に乗りたがる潜在意識

安部―「勝ったほうを真似する」というのは、とてもいいご指摘《してき》です。第一次世界大戦の敗戦によってドイツが没落《ぼつらく》し、日本国内では明治政府の方針に対する懐疑論《かいぎろん》が巻き起こりました。そしてフランスやイギリスの民権主義、共和主義的な思想がどんどん広まっていったわけです。第５章で詳《くわ》しく語り合いますが、大正デモクラシーの理論的支柱となった天皇機関説や、吉野作造《よしのさくぞう》（１８７８～１９３３、政治学者）の民本主義も出てきました。

そのまま民権主義や共和主義が伸長《しんちょう》するかと思いきや、日本はまたもや方向転換《てんかん》するのです。理由はドイツが再び強くなり始めたことでした。

佐藤―すると日本はたちまちナチスのほうに寄っていくのです。

安部―そのとおりです。日本のファシズムは、かなり強くナチスに引きずられていきました。

佐藤―太平洋戦争でアメリカに負けると「戦争に強いアングロ・サクソンとは仲良くしていかなければいけない」と方向転換し、戦後日本はアメリカにずっと引きずられてきました。ところが最近になって日本は、明らかにアメリカ離《ばな》れを始めています。岸田文雄《ふみお》首相《しゅしょう》は国連での演説（２０２３年9月19日）でこう言いました。

〈世界は、気候変動、感染症《かんせんしょう》、法の支配への挑戦《ちょうせん》など、複雑で複合的な課題に直面しています。各国の協力が、かつてなく重要となっている今、イデオロギーや価値観で国際社会が分断されていては、これらの課題に対応できません。

我々は、人間の命、尊厳が最も重要であるとの原点に立ち返るべきです。我々が目指すべきは、脆弱《ぜいじゃく》な人々も安全・安心に住める世界、すなわち、「人間の尊厳」が守られる世界、なのです〉（外務省のウェブサイトより）

この演説では「民主主義」という言葉が一度も出てきませんでした。「民主主義」というフレーズを振《ふ》りかざすことなく、「イデオロギーや価値観では世界の問題は解決できない」と言ったわけです。現代の政治家にも狡猾《こうかつ》なところがあって、「このままアメリカに追随《ついずい》していたからといって、常に勝ち馬に乗れるわけではなさそうだ」という意識がどこかであるのでしょう。

■ 辺境国家としての日本

佐藤　日本が勝ち馬に乗る際、勝ったとはいってもギリギリで勝っただけの国は真似しようとしません。フランスは第一次世界大戦の戦勝国ですが、ドイツとの戦いで国土が徹底的《てっていてき》に破壊《はかい》され、大負けに近い損害を被《こうむ》っています。日本はそういう国の真似をしようとはしませんでした。

安部―こうした態度を「ズル賢《がしこ》い」と言うか「賢い」と言うかはさておき、日本は都合良く立ち回ってきたわけですね。勝ち馬に乗りたがるのは、日本が辺境国家であることがその理由ではないでしょうか。

佐藤―私もそう思います。

安部―辺境国家の特徴《とくちょう》は、中央国家に比べて後進国であるということです。また、中央から離《はな》れているがゆえに、その影響《えいきょう》を受けづらいという面もあります。だから、ユーラシア大陸のいちばん端《はし》っこにある日本は、遣隋使《けんずいし》や遣唐使《けんとうし》の時代から、中央国家との関係でうまく立ち回り、勝ち馬に乗ることもできたのです。

佐藤―辺境国家ゆえに、立ち回り方が中途半端《ちゅうとはんぱ》という見方もできます。その印に、中国の隋・唐の法体系である律令制《りつりょうせい》（「律」は刑法《けいほう》、「令」は民法・行政法）は受け入れても、官吏登用のための資格試験である科挙制度とメリトクラシー（能力主義）までは受け入れませんでした。言語については漢字を受け入れつつ、かな表記との併用制《へいようせい》にとどめています。中国との関係を作りつつ、大陸とはうまく距離《きょり》を置いていました。

遣隋使や遣唐使によって交流を結びつつも、完全なる朝貢《ちょうこう》（貢物《みつぎもの》を中国王朝に差し出すこと）をして隋や唐の臣下にはならない。日本は7世紀から中国皇帝が朝貢国の王や首長に爵位《しゃくい》・

称号《しょうごう》を与《あた》えて君臣関係となる冊封《さくほう》体制に入らない道を選びました。ここが琉球《りゅうきゅう》や朝鮮《ちょうせん》とは違う日本の特徴です。

安部― そのことについては、補足説明をさせてください。というのは『ふりさけ見れば』（安部龍太郎著、日本経済新聞出版）などの遣唐使の物語を書いていてわかったことですが、日本が唐の冊封体制に入っていたかどうかについては、国内でも日本史と中国史の研究者の間で意見が分かれています。

日本史の方々は、日本は冊封体制に入っていない。なぜならそれを証明する記録がないからだと主張します。ところが中国史の方々は冊封国に入らなければ朝貢はできないのだから、日本だけが特例を認められたはずがないと言われるのです。

佐藤― それは興味深いですね。

安部― なぜこんなことが起こったのかと言うと、どうやら当時の日本は唐と日本国内でダブルスタンダードを用いていたようなのです。唐朝廷《ちょうてい》に対しては冊封国として朝貢していると言い、国内では対等の関係で貿易をしていると見せかける。そうしなければ天皇を中心とした朝廷の権威《けんい》が守られないからです。奈良時代からそんな体質があることが、戦前の中国や韓国《かんこく》との関係に大きな影《かげ》を落としているように思えてなりません。

■ナンバースクールと高等教育の普及

安部―明治時代の日本では、軍事独裁政権の牙城《がじょう》を突《つ》き崩《くず》す動きもありました。ドイツ・プロイセン流の軍事独裁政権ではなく、フランスやイギリス流の民権思想（人間は本来自由であり、平等に政治に参加する権利をもつとする政治思想）を取り入れる動きです。１８９０（明治23）年に国会が開設され、大正デモクラシーの動きが高まり、１９２５（大正14）年には選挙人資格から納税要件が撤廃《てっぱい》され、満25歳《さい》以上の男子に選挙権が与えられた普通《ふつう》選挙法が制定されています。

　日本の民権思想や自由主義思想、議会政治思想は、プロイセンではなくフランスやイギリスから影響を受けたところが大きいのです。

佐藤―私もそう思います。

安部―明治政府が手本としたドイツは、第一次世界大戦でフランスとイギリスに負けました。その結果、藩閥政治と軍閥《ぐんばつ》政治の力は少し弱まります。

佐藤―ドイツの制度を学んで体制を作ったのに、当のドイツが戦争に負けてしまったわけですからね。後発国は、どの国も勝ち組の真似をしたがるものです。出発地点における日本陸軍は、フランス式でした。普仏《ふふつ》戦争（1870～71年）でフランスが負けると、日本陸軍はフランス式からプロイセン式に切《き》り替《か》えます。

日本海軍は最初からイギリスを真似ていました。理由は単純でして、イギリス海軍は常に強いからです。

安部―ドイツは第一次世界大戦で大負けしました。

佐藤―ええ。大負けした側を真似る人なんていません。普通は「あれだけ大負けしたのだから、システム設計に深刻な問題があるのではないか」と疑うはずです。

江戸《えど》時代の武士階級をそのまま陸軍や海軍にシフトし、基本型としては職業軍人が中心となって戦争を進めていく。ただし第一次世界大戦のような非常事態においては、民衆を徴《ちょう》兵《へい》して国民戦争に巻きこんでいかなければ戦争には勝てない。第一次世界大戦によって、明治政府は「国民戦争を遂行《すいこう》するための体制作りが必要だ」と気づきました。

国民戦争を進めるにあたって重要なのは、高等教育の普及《ふきゅう》です。第一次世界大戦が終わると、一高（第一高等学校、現・東京大学）や二高（第二高等学校、現・東北大学）、三高（第三高等学校、現・京都大学）といったナンバースクールだけでは高等教育機関が足りなくなっていきました。

安部―当時、全国各地に八つのナンバースクールが整備されていました。一校から八校まで順番に並べると、現在の東京大学、東北大学、京都大学、金沢大学、熊本大学、岡山大学、鹿児島大学、名古屋大学です。ナンバースクールは１９０８（明治41）年までに設立されています。

佐藤―ナンバースクールだけでは高等学校が足りないため、第一次世界大戦が終結した翌年の１９１９（大正8）年4月に第二次高等学校令が施行《しこう》され、新潟高等学校（新潟大学）、松本高等学校（信州大学）、山口高等学校（山口大学）、松山高等学校（愛媛大学）が設立されました。

これ以降、従来の官立（国立）に加えて、専門学校だった後の慶應義塾《けいおうぎじゅく》大学、早稲田《わせだ》大学、明治大学、法政大学、中央大学、日本大学、國學院大學《こくがくいんだいがく》、同志社大学を私立高等学校（大学）に昇格《しょうかく》させ、さらには新たに専門学校を作るなど急速に教育の裾野《すその》が広がっていったのは、明らかに第一次世界大戦の影響です。ちなみにこうした教育振興《しんこう》を図《はか》ったのは、第5章で語り合う平民宰相《さいしょう》と呼ばれた原敬《はらたかし》（１８５６〜１９２１）です。

■ 悪気のない「植民地解放」という建前

佐藤―当時の日本と中国は「支配する側」「支配される側」という関係性だけでは語れません。もう一つのパラレル（並列《へいれつ》）な関係性もあります。そもそも考えてみると、清朝は少数派である女真族《じょしん》（後の満州族）が支配していましたよね。日本はこうした支配構造に異を唱え、中国において水面下でナショナリズムの勃興《ぼっこう》を支援《しえん》していました。

安部—玄洋社《げんようしゃ》の頭山満《とうやまみつる》（１８５５～１９４４、社会運動家）は、アジアで革命運動をやっていた孫文や金玉均《きんぎょくきん》（１８５１～94）を支援し、インドの革命家ラス・ビハリ・ボース（１８８６～１９４５）をかくまっていましたね。

佐藤—明治維新の記憶《きおく》が新しい日本人は、意識としてはみんな革命家でした。だからある段階までは「清朝の古い体制を倒《たお》し、大陸が民主的な共和国に生まれ変わることを支持する」という方向性だったわけですが、他方で植民地主義的な野心ももち合わせていた。日本と中国の間には、二つの関係が交錯《こうさく》していたのです。

安部—日本はダブルスタンダードのねじれた形で中国と向き合っていたわけです。

佐藤—でもそのダブルスタンダードは、だんだんタチが悪くなっていくんです。

「我々日本はアジア民族の国の中で植民地になっていない。その我々には植民地を解放する潜在的《せんざいてき》な力がある。岡倉天心《おかくらてんしん》（１８６３～１９１３、思想家／美術史家）の時代から『アジアは一つである』という我々の思いは変わっていない」「ただしアジアの力はまだ弱い。世界は帝国主義の時代だ。アジアを一つにするための基礎《きそ》体力をつけるために、期間限定で我々も帝国主義の体制に切り替えるのだ」

こうした考え方がどうしてタチが悪いかというと、「日本はアジア諸国から収奪《しゅうだつ》している」という意識が欠如《けつじょ》しているからです。イギリスやフランスには「自分たちは侵略者《しんりゃくしゃ》だ」という意識が明確にあるので、収奪の仕方に抑制《よくせい》が効きます。

安部―日本には侵略者としての罪悪感がないので、対華二十一カ条の要求なんていう威圧的《いあってき》で不公正な要求を突きつけて、際限なくアジアから収奪しようとしました。

佐藤―「皆《みな》さんを列強諸国から解放するために今こうしているのだ。我々こそ正義だ。我々による植民地支配を期間限定で我慢《がまん》しろ」「あなた方が今受けている痛みは、手術にともなう痛みだ。痛いけど我慢しろ。欧米《おうべい》による植民地支配から脱却《だっきゃく》するためには、痛みをともなう手術を受けなければならないのだ」という理屈《りくつ》です。

安部―こうした理屈の裏には善意がありました。「自分たちは善意のアジア解放運動を進めているのだ」という思想です。

佐藤―でも植民地にされた国にとってみれば「自分たちは手術を受けている」という意識なんてありません。手術どころか生体解剖《かいぼう》とも言うべき暴挙でした。抑制が効かない状態で植民地支配を進めてしまったから、未《いま》だに南北朝鮮や中国の人々は日本への恨《うら》みを忘れないでいるのです。

安部― こうした思想が第一次世界大戦直前あたりに広がり、やがて太平洋戦争期には、東アジアに東南アジア、インド、オセアニアの一部までを加えた日本を盟主とする広域ブロック化構想の大東亜共栄圏《だいとうあきょうえいけん》という幻想《げんそう》に結びついていったのです。

■兄か弟か――縦ラインで考える国家観

佐藤― 大東亜共栄圏の最大の失敗は、朝鮮語や中国語を話すアジア人を対等のパートナーと見なしていなかったことです。伝統的に長子相続である日本では、兄弟が平等ではありません。だから長男に生まれたか次男に生まれたかで、一生の成り行きがまったく違うのです。

安部― 京都の頭芋《かしらいも》もそうですよね。正月のお雑煮《ぞうに》に、その家の主と長男だけに大きな芋が入っている（笑）。「お前は一家のカシラだ」という発想です。

佐藤― 国と国の関係も同じ発想でして、日本はどっちが兄貴かを常に重視します。自分たちはいつも兄貴であって「兄の言うことを弟は聞くべきだ」と強制的に押しつけるのです。戦後はこのベクトルが逆になりました。

安部―戦争に大負けしたら、アメリカは兄貴分、日本は弟分にすり替《か》わってしまいました。

佐藤―兄貴の言うことは、縦ラインで何でも聞いちゃうのです。

安部―第二次世界大戦開戦直前の１９３８（昭和13）年１月16日、近衛文麿《このえふみまろ》内閣は「帝國政府ハ爾後《じご》國民政府ヲ對手《あいて》トセズ」という「近衛声明」を出しました。国民政府とは、１９２５年に中国国民党の指導下に広東《カントン》に成立した政府のことです。こういうところにも「オレたちは兄貴、お前たちは弟分だ。弟分はオレたちの言うことを聞け」という意識が色濃《いろこ》く出ています。

佐藤―日清戦争に勝ってから「日本は清国の兄貴分だ」という意識を強め、日露戦争で勝利してから「ロシアが大陸と朝鮮半島に進出しようとするのを、日本が食い止めた。日本は朝鮮と中国大陸両方の兄貴分だ」という意識を強めました。さらに第一次世界大戦で勝利すると「日本はアジアの長男だ」という意識を強めていったのです。

安部―第一次世界大戦後の１９２０年に国際連盟が発足《ほっそく》すると、フランス、イギリス、イタリア、日本が常任理事国になりました。日本はアジアで唯一《ゆいいつ》です。

佐藤―ところが中国にとってみれば、「日本はアジアの長男だ」という意識なんてまったくありません。

安部―７世紀以前の冊封体制の意識が生きていますからね。朝鮮半島も同じでした。朝鮮では「中国が長男でウチは次男、日本は三男だ」という意識だったわけです。

佐藤―「アジアは一つだ」「五族協和（五族＝漢族、満州族、蒙古《もうこ》族、日本人、朝鮮族）の満州国を作ろう」と言って、あたかも満州も朝鮮も日本も対等であるように見せかける。ところが実際は「日本こそが長兄《ちょうけい》だ」と言わんばかりに「対華二十一カ条の要求をすべて承認しろ」と迫《せま》る。こうした振《ふ》る舞《ま》いは、中国にとってとんでもなく欺瞞的《ぎまんてき》に見えたに違いありません。

■日本が突きつけた対華二十一カ条の要求

安部―１９１４年7月28日から始まった第一次世界大戦は、１９１８年11月11日まで4年以上の長きにわたって続きました。第一次世界大戦で世界の列強が戦い始めると、東アジアはいわば空白地帯になります。「この絶好の機会にオレたちの勢力を伸《の》ばすぞ」という日本の狙《ねら》いは露骨でした。

日本が特に目をつけていたのが、旧満州周辺の利権を獲得《かくとく》することだったのですが、興味深いことに、対華二十一カ条の要求（１９１５年1月）を突きつけたあと、日本はロシアと「日露新協約」という秘密協定を結ぶのです（１９１６年7月）。ロシアに小銃《しょうじゅう》12万丁と弾薬《だんやく》６０００万発を援助《えんじょ》する代わりに、日本は長春《チャンチュン》からハルビンまでの鉄道利権をもらえることになりました。
敵国ドイツが握っていた山東半島の支配地を奪いつつ、軍事物資の枯渇《こかつ》に苦しむロシアを支援して、「武器援助でロシアを支援する見返りに、シベリア鉄道の利権を日本にくれ」という交換《こうかん》条件を提示したわけですから、実に悪どくズル賢い手口です。

佐藤―私もそう思います。日本がドイツに宣戦布告したのは、1914年8月23日のことでした。その直後の9月2日、日本軍は山東半島に上陸を開始します。10月14日には赤道以北にあったドイツ領南洋諸島を占領《せんりょう》し、11月7日には青島《チンタオ》を占領しました。そして1915年1月18日、対華二十一カ条の要求を突きつけるわけです。

安部―手の打ち方が電光石火です。

佐藤―世界の列強の関心は、みんなヨーロッパに集中していました。「この隙《すき》にやってしまえ」という意図が露骨です。

安部―対華二十一カ条の要求のうち、山東省に関する項目《こうもく》を見ると「ドイツが有する一切《いっさい》の権利および利益の処分については、日本とドイツの協定に従うこと」と書いてあります。要するに「オレがドイツと交渉《こうしょう》を進めて、中国のためにいいようにしてやる。中国は黙《だま》ってオレに従え」というわけですから、まさに兄貴分を気取った物言いです。

■本土による沖縄と北海道への構造的差別

佐藤―兄が弟に命令するような上から目線の差別構造は、実は日本の仕組みに今も残っています。「一括《いっかつ》計上方式」と言って、沖縄県と北海道だけ予算の立て方が違うのです。ほかの都道府県は「この橋が必要だ」とか「ここの予算が足りない」と言って、国土交通省の官僚や国会議員と交渉しながら予算を組み立てていきます。沖縄と北海道だけは違うのです。

北海道については国土交通省北海道開発局（旧・北海道開発庁）という中央政府の役人が、沖縄については内閣府沖縄振興局《しんこうきょく》（旧・沖縄開発庁）の役人が「北海道や沖縄は自前で予算を作る能力がない。代わりに予算を作ってあげよう」と代行主義で予算を立てます。典型的な植民地予算なのです。

安部―それで「沖縄及《およ》び北方対策」の内閣府特命担当大臣が特別にいるのですね。

佐藤―あれは拓殖務《たくしょくむ》大臣（植民地大臣）の名残《なご》りなのです。

■対華二十一カ条の要求で求めた「日本人の布教権」

佐藤―対華二十一カ条の要求をあらためて読み返してみると、自分たちがほしいものをお腹《なか》いっぱい要求している様子に呆《あき》れます。

安部―7項目にわたる「中国全土にわたる要求」なんて、まさに「中国の植民地化」と言ってもいいぐらいの中身です。「中央政府に日本人の政治財政軍事顧問《こもん》を招聘《しょうへい》せよ」とか「日本人警察官を招聘せよ」とか「日本から半数以上の兵器を受容もしくは日中合弁の兵器廠《へいきしょう》（兵器の購入《こうにゅう》や保管、修理を行う機関）を設立せよ」というわけですからね。

　これだけ身勝手な要求を突きつけておきながら「国内的にはもっといろんな要求があったが、これだけに絞《しぼ》りました」と言うのですから、なおさらとんでもない話です。

佐藤―なかでも「中国全土にわたる要求」の7項目のうち、私は「日本人の布教権」を重視するべきだと思っているのです。単に中国を支配するだけでなく、日本は中国人の魂《たましい》までも支配しようとしました。「日本人の布教権」とは、仏教の布教権に限りません。キリスト教も含《ふく》みます。

　日本人の布教権を認めさせた結果、満州伝道会（東亜伝道会）に所属する日本人が1930年代から終戦にかけて熱河省（現・河北《フーペイ》省、遼寧《リャオニン》省、内モンゴル自治区）でキリスト教の布教を進めた「熱河伝道」も行われました。

安部―それにしても、なぜ対華二十一カ条の要求で「日本型の宗教を布教させろ」という項目を加えたのでしょうね。

佐藤―　人間の魂までも統合していこうという第一歩だったのではないでしょうか。第二次世界大戦へと突《つ》き進《すす》んだ軍部は、国家神道《しんとう》によって宗教・思想の統制を図ろうとします。やがて「これは宗教ではない。臣民の慣習だ」と銘《めい》打《う》って、事実上の国教として神道が魂の中に入りこんできたわけです。

■「国民」「民族」から「臣民」への転換

安部―　慣習としての国家神道は、アジアの人々も含めて単一民族化していく道具として使われました。台湾《たいわん》や朝鮮半島を植民地にした日本は、まず神社を造ります。次に日本語を使わせ、日本の歴史を勉強させ、朝鮮の人々の姓名《せいめい》を日本式に変えさせる創氏改名まで強要しました。

佐藤―　タチが悪いことに、創氏改名には悪気がありませんでした。「金とか朴とかいう名前を使っていたら、お前は日本社会でちゃんと受け入れてもらえないだろう」と言って、善意の気持ちで同化政策を進めていったのです。

安部―　自分たちに同化した者は、村八分の扱《あつか》いはしない。同化しようとしない人間は、暴力を駆使《くし》してでも無理やり言うことを聞かせました。

佐藤― 同化政策を進める過程で重要な概念《がいねん》が、「国民」や「民族」ではなく「臣民」というくくり方です。社会学者の小熊英二《おぐまえいじ》さん（慶應義塾大学教授）が書いた『単一民族神話の起源〈日本人〉の自画像の系譜』（新曜社）という本を読むと、日本がどうやって植民地を一つにまとめ上げていったかがよくわかります。

植民地支配を進めていたころの日本は、複合民族国家でした。「内地臣民」（大日本帝国憲法のもとで、天皇、皇・公族以外の日本国民）もいれば「外地臣民」（主に戦前に日本で暮らしていた台湾や朝鮮の人々）もいて、その中にはさまざまな民族がいます。彼らを全体として統合してしまう強力な概念が「臣民」でした。

安部― 朝鮮人も中国人も台湾人も日本人も「天皇の赤子」「臣民」として単一化されたわけです。

佐藤― この概念は、イギリス王室で言うところの臣民（subject）とは異なります。日本の臣民は「民族」という概念にすごく近いのです。イギリスの臣民は、イギリスの王様を尊敬して従っていれば、改宗したり創氏改名をする必要なんてありません。イギリス人は「植民地で暮らすインド人の宗教を変えよう」とか「インド人の名前を変えよう」とは全然思わなかつたわけですよ。

日本の臣民は、イギリスの臣民とはまったく性格が異なります。安部さんがおっしゃるように均質化していく臣民であり、イギリス人からはとても変に見える臣民なのです。

■日本がロシアと結んだ秘密協定

安部― 先ほど触《ふ》れた日本とロシアの「日露新協約」には秘密条項がありました。「日露両国に敵対的な第三国が中国の利権を取りに来たときには、日本とロシアは共同して戦う」という条項です。中国に対する兄貴分的立場を守るために、日本はさまざまな外交工作を仕《し》掛《か》けていたのです。

佐藤― おもしろいことに、日露戦争が終わったあと、日本とロシアは事実上の準同盟国になってしまったのですよね。「お互《たが》いよく戦った」と讃《たた》え合いながら手を結んじゃった。組同士の抗争《こうそう》が終わったあと、ヤクザの親分衆が手打ち式をやるようなものです。「これからは五分のつきあいでお願いしやす」とか言って、親分同士が盃《さかずき》を交《か》わして仲間になっちゃう。当時の日露の動きは、まるで任侠《にんきょう》映画のようです。これはヨーロッパにおける平和の誕生と、構造がよく似ています。

安部―大戦によってとんでもない痛みを被ったヨーロッパ諸国は「もう戦争は懲《こ》り懲《ご》りだ。これからは勢力均衡《きんこう》でお互い平和にやっていこう」と対話路線に転換しました。

佐藤―日露戦争を戦った日本とロシアは「あいつらは命知らずで戦ってくる。とんでもないやつだから、これからは敵に回さないほうが良さそうだ」とお互いに懲りたのです。「もうああいう陰惨《いんさん》な戦争はやりたくない。日露不戦の誓《ちか》いを結ぼう。その代わり、ほかのやつを一緒《いっしょ》に食っていこうじゃないか」。これが日露新協約です。

「うまそうだ。オレたちに食わせろ」と日露の目に留《と》まったのが中国でした。「アメリカとイギリスが中国に入ってきそうだ。一緒になってあいつらの動きを止めてやりやしょう」と言って、アメリカとイギリスをジローッとにらみつけながら盃を交わす。まさに暴力団の縄張り争いを思い起こします。

　これに対して、イギリスはイギリスで手を打ちました。ロシアは「チベットがイギリスの影響下にある」と認め、イギリスは「モンゴルがロシアの影響下にある」と認めるのです。帝国主義とはある局面では戦争も辞さないのですが、別の局面においては手のひら返しのようにあっさり手を結ぶのです。

安部―１９１７年にロシア革命が成功すると、革命政府は外国に向かって日露新協約の秘密条項を暴露《ばくろ》してしまいました。そのせいで日本の目論見《もくろみ》がバレバレになり、アメリカもイギリスもフランスも日本に対して不信感をもってしまうのです。１９１６年に日露新協約を結んだ段階で、日米戦争に向かっていく種はすでにまかれていました。

僕が『維新の肖像』（潮出版社）で書いた朝河貫一《あさかわかんいち》（１８７３〜１９４８、イェール大学教授）は、『日本之禍機』を発表した１９０９年の段階ですでに「日米戦争が起きる」と予言しています。

アメリカは中国における「機会均等」と「領土保全」を基本とした新外交を展開しているが、日本は軍事力によって満州の植民地化を目指す旧外交のままである。この新外交と旧外交という方針の違いが、やがて日米の対立の原因となると言っているのです。

■魯迅の名作『藤野先生』

安部━対華二十一カ条の要求の時代を振《ふ》り返《かえ》っていると、魯迅《ろじん》の作品群を読み返したくなります。１８８１年生まれの魯迅は、１９０２年に国費留学生として日本にやってきました。仙台《せんだい》医学専門学校（現・東北大学医学部）に入学した魯迅は、藤《ふじ》野《の》厳《げん》九郎《くろう》先生という恩師と出会います。のちに魯迅は『藤野先生』と題する体験的私小説を発表しました。

佐藤━『藤野先生』の中に、日露戦争に関する無声映画を仙台医学専門学校で流す場面が出できます。一部をご紹介《しょうかい》しましょう。

〈わたしはつづいて中国人が銃殺されるのを参観する運命にでくわしたのである。（略）時事的なフィルムが映された。当然それらはみな日本がロシアに戦勝している場面だった。ところがたまたまそのなかに中国人が混じっていたのである。ロシア人のためにスパイをして日本軍に捕えられ、銃殺されようとしているのだが、それをとりかこんで見ているのも中国人の群衆だった。教室の中にはもう一人、わたしもいるのである。「万歳！」彼らはいっせいに手をたたいて歓声をあげた。

（略）わたしは藤野先生を訪ねていって、医学の勉強をやめ、そしてこの仙台を去りたいと思っていることを告げた。彼の顔には悲しみの色が浮んだようであった。何かいいたそうであったが、ついに何もいわなかった〉（魯迅著、駒田信二訳『阿Q正伝・藤野先生』所収「藤野先生」、講談社文芸文庫、２６６頁）

この出来事をきっかけに魯迅は退学し、医学から文学の道に転じます。

安部―仙台を去った魯迅は東京で『新生』という雑誌を創刊しようと準備し、１９０９年に帰国したあと『狂人《きょうじん》日記』（１９１８年）や『阿Ｑ正伝』（１９２１～22年）などの傑作《けっさく》を次々と発表していきました。

■魯迅が医師から作家へ転身した理由

佐藤　先ほど引用した『藤野先生』のエピソードについて、魯迅が書いた文章があります。『阿Ｑ正伝・狂人日記』（竹内好訳、ワイド版岩波文庫）の序文（自序）からご紹介しましょう。

〈講義が一段落してまだ時間があると、教師は風景やニュースを映して学生に見せて、時間の穴をうめたものだ。ちょうど日露戦争の最中とて、当然のことながら、戦争関係のスライドがわりに多かった。（略）あるとき私は、思いがけずスライドでたくさんの中国人と絶えて久しい面会をした。まん中に手をしばられた男、それをとり囲んでおおぜいの男、どれも体格はいいが、無表情である。解説では、しばられているのはロシア軍のスパイを働き、見せしめに日本軍の手で首を斬られるところ、とり囲んでいるのは、その見せしめの祭典を見に来た連中であった〉（竹内好訳『阿Ｑ正伝・狂人日記』所収「自序」、ワイド版岩波文庫、９頁）

安部——医学から文学に身を転じる決意をした魯迅は、その理由を次のように綴《つづ》っています。

〈あのことがあって以来、私は、医学などは肝要でない、と考えるようになった。愚弱な国民は、たとい体格がよく、どんなに頑強であっても、せいぜいくだらぬ見せしめの材料と、その見物人になるだけだ。病気したり死んだりする人間がたとい多かろうと、そんなことは不幸とまではいえぬのだ。むしろわれわれの最初に果すべき任務は、かれらの精神を改造することだ。そして、精神の改造に役立つものといえば、当時の私の考えでは、むろん文芸が第一だった。そこで文芸運動をおこす気になった〉（同、9～10頁）

魯迅は東京で先ほども触れた『新生』という雑誌を創刊しようとしたものの、失敗に終わりました。その失敗のあとに長い「寂寞《せきばく》」の期間を過ごして精神の彷徨《ほうこう》に苦しむなか、友人から〈どうだい、文章でも書いて……〉（同、12頁）と言われます。小説を書いて発表し、国民精神を啓蒙《けいもう》してくれと友人から頼《たの》まれるのです。

〈かりにだね、鉄の部屋があるとするよ。窓はひとつもないし、こわすことも絶対にできんのだ。なかには熟睡している人間がおおぜいいる。まもなく窒息死してしまうだろう。だが昏睡状態で死へ移行するのだから、死の悲哀は感じないんだ。いま、人声を出して、まだ多少意識のある数人を起こしたとすると、この不幸な少数のものに、どうせ助かりっこない臨終の苦しみを与えることになるが、それでも気の毒と思わんかね〉（同、12〜13頁）

このように悲観的な意見を言う魯迅に、友人はこう言って説得します。

〈しかし、数人が起きたとすれば、その鉄の部屋をこわす希望が、絶対にないとは言えんじゃないか〉（同、13頁）

一縷《いちる》の希望に望みをかけて、とうとう魯迅は小説を書くことを決意しました。それは突撃《とつげき》するときに人が挙げる吶喊《とっかん》の声のようなものだというので、『阿Q正伝』や『狂人日記』を収めた最初の小説集のタイトルは『吶喊』（１９２３年８月）と名づけられます。

やがて魯迅は小説という表現形態から離れ、当時の時事問題について論文を書くようになりました。そのせいでどんどん国民党政府との対立を深め、とうとう当局から指名手配を受ける立場にまでなっていくのです。

■魯迅の小品『野草』と「小さな出来事」

安部―魯迅の『狂人日記』は食人の物語です。中国に限らず、戦争中に飢餓《きが》状態になった兵士が人肉を食べることは昔からしばしばありました。１９１８年に発表された『狂人日記』は、食人というタブーに触れたことによって中国で大きなセンセーションを巻き起こします。

佐藤―『狂人日記』の最後は、未来を担《にな》う子どもへの希望を託《たく》して終わるのですよね。

〈人間を食ったことのない子どもは、まだいるかしら?
せめて子どもを……〉（『阿Q正伝・狂人日記』所収「狂人日記」、ワイド版岩波文庫、31頁）

魯迅が書いた小品『野草』では、希望について〈絶望は虚妄《きょもう》だ、希望がそうであるように〉（竹内好訳『野草』、岩波文庫）と書いています。ニヒリズム（虚無《きょむ》主義）の克服《こくふく》を大きなテーマとして作品を書いた魯迅は、いわゆる「プロレタリア文学」（プロレタリアート〈労働者階級〉

の階級的自覚と要求に基《もと》づき、その思想と感情を描《えが》き出《だ》した文学）とかそういう枠《わく》の中にはとうてい収まりません。ものすごく大きな人ですし、今読み返してみても常に作品が新しく、現代に符合《ふごう》するのです。

安部—魯迅は自分というミクロコスモス（小宇宙）の中に、巨大《きょだい》な中国を見ていました。

佐藤—自分の中に去来するアンビバレントな（相反する）感情から、魯迅は決して目をそらしません。「小さな出来事」という小品には、当たり屋の話が出てきます。

安部—「私」と車夫と老婆《ろうば》の３人が出てくる、わずか４ページの短い物語ですね。少し長くなりますが、印象的な場面を引用しましょう。

《どうしたね》

《けがしたんだよ》

私は思った。おまえさんがゆっくり倒れるところを、この眼で見たんだぞ。けがなどするものか。狂言にきまってる。じつに憎いやつだ。車夫も車夫だ。おせっかいの度がすぎる。それほど事をかまえたいなら、よし、どうとも勝手にしろ。

ところが車夫は、老婆の言うことをきくと、少しもためらわずに、その腕を支えたまま、ひと足ひと足歩き出した。（略）車夫は老婆に肩を貸して、その派出所をめざした。

　このときふと異様な感じが私をとらえた。埃まみれの車夫のうしろ姿が、急に大きくなった。しかも去るにしたがってますます大きくなり、仰がなければ見えないくらいになった。しかもかれは、私にとって一種の威圧めいたものに次第に変っていった。そしてついに、防寒服に隠されている私の「卑小」をしぼり出さんばかりになった〉（『阿Q正伝・狂人日記』所収「小さな出来事」、ワイド版岩波文庫、63〜64頁）

佐藤一　当たり屋の老婆と一緒に、人力車の車夫は派出所に出頭しました。
〈巡査は私のところへ来て言った。《ご自分で車をひろって下さい。あの車夫は引けなくなりましたから》
　私は反射的に、外套のポケットから銅貨をひとつかみ出して、巡査に渡した。《これを車夫に……》
（略）
　このひとつかみの銅貨は何の意味か。かれへのほうび？　私が車夫を裁ける？　私は自分に答えられなかった。

（略）

この小さな出来事だけが、いつも眼底を去りやらず、時には以前にもまして鮮明にあらわれ、私に恥を教え、私に奮起をうながし、しかも勇気と希望を与えてくれるのである〉

（同、64～65頁）

当たり屋にハメられたことに気づいていながら、車夫は警察に引っ張られていく。当たり屋に和解金を支払《しはら》ったり、警察から処罰《しょばつ》を受ける羽目になるのでしょう。社会の最下層でギリギリの生活を送る老婆は、当たり屋として生きていくことしかできません。その当たり屋を無下にしない車夫に、魯迅は慈愛《じあい》とも言うべき共感を示します。民衆に対する目線が極《きわ》めて優《やさ》しいことが、魯迅の作品の特徴ではないでしょうか。

おもしろいことに、魯迅の作品には共産党体制と相容《あいい》れない部分がすごくたくさんあるにもかかわらず、共産主義時代に入ってから中国政府は魯迅を読むよう国民に奨励《しょうれい》します。

さらに興味深いのは、文化大革命の時代の中国の教科書に『藤野先生』が掲載《けいさい》されていた事実です。日本との関係が断絶していて、日中国交正常化（１９７２年９月）が実現する前の時代において、中国人は『藤野先生』を通じて日本へのイメージを膨《ふく》らませました。魯迅が書いた『藤野先生』は、いろいろな意味で重要な作品なのです。

■『阿Q正伝』で読み解く雑誌『東京カレンダー』の港区女子

佐藤―安部さんは『東京カレンダー』という雑誌をご覧になったことはありますか。

安部―その雑誌は知らないなあ。

佐藤―港区のどのレストランでシャンパンを飲めばインスタ映《ば》えするか。おしゃれな東京女子が銀座で行くべきイケてるお店はどこか。そんな情報を多く紹介している雑誌です。この『東京カレンダー』から派生してできた「東京男子図鑑《ずかん》」や「東京女子図鑑」というドラマを見ると、自尊心が高く、常に優越感《ゆうえつかん》を得たいと思い続ける「阿Qみたいな人」がたくさん出てくるのです。

安部―「阿Qみたいな人」ですか？

佐藤―難関大学を卒業したあと、８５０万円から１３００万円くらいの年収を稼《かせ》いで「勝ち組」だと自認《じにん》している人たちです。学歴と高年収があってラグジュアリーな生活をしていても、彼ら彼女《かのじょ》らは全然幸せそうではありません。幸福感をまったく得られないのに「オレたちは勝ち組だ」と言い張る人たちが、私には阿Qのように見えてきます。『阿Q正伝』という作品を今読み返してみると、すごく21世紀的な感じを受けます。2024年現在の日本を読み解くために、『阿Q正伝』はとてもいい本だと思いますよ。

■作家として生きる人生の残り時間

安部―自分の問題と中国の問題をイコールで考えながら書いたから、魯迅の作品には国境や時代を超《こ》えて共感を生む普遍性《ふへんせい》があるのでしょう。我《わ》が身《み》の批判も含めて、より本質的な問題にあえて踏《ふ》みこもうとする。だから魯迅のまわりは敵だらけでした。たとえ孤独《こどく》であろうが、ひたすら孤高《ここう》の道を歩む。

どこへ行っても満足することなく創作の道を追究したのは、理想があまりにも高すぎたからだとも言えます。納得《なっとく》できず、「寂寞」を抱《かか》えながらどんどん前に進むうちに、どの作家も到達《とうたつ》できなかった普遍的な境地へと魯迅は突《つ》き抜《ぬ》けました。

先ほど佐藤さんがおっしゃったように、社会の最下層でしがみつくように生きる人たちを、共感と愛情をもって描き出そうとした。こうした作風は、当時の中国ではすごく新しく映ったはずです。

佐藤―誰《だれ》もがバカにする最下層の民衆に、希望の光と可能性を見出《みいだ》しているのですよね。

安部―今回の対談に臨《のぞ》むにあたり、あらためて魯迅の作品を読み返してみたところ「いやあ、自分は作家としてまだまだ甘《あま》かったなあ」とだいぶ反省しました。勇気をもってぶち当たらなければいけない壁《かべ》を、自分はどこかで避《さ》けて通ってきたのではないか。「魯迅と同じ道を自分は歩めるかどうか」「自分の精神を改造できるか」「無意識の領域までも改造できるか」という問いから逃《に》げることなく、日本の歴史をテーマに作品を書けるかどうか。魯迅が提示した問題に自分が応えられるかどうか。そこがこれからの僕の作家人生にとっての分水嶺です。

佐藤―まったく同感です。慢性腎不全《まんせいじんふぜん》と腎機能《じんきのう》の低下にともない、２０２２年１月から私は週３回の人工透析《とうせき》を受けることになりました。「余命が８年くらいになる可能性もあります」と医師から告げられたとき、「今の調子で作家活動が続けられるのはあと５年だな」と直感したものです。

そこでまず、大学で教えていた仕事を早回しで終わらせる努力をしました。どうしてかというと、論文指導中の学生への指導が不十分なまま終わり、学生が学位を取れなくなってしまうことがあってはならないからです。だから大学の仕事を最初に整理して、そのあと仕事の順番をつけて、後世にちゃんと残しておかなければいけない翻訳書《ほんやくしょ》などの仕事を先行させようと思っていました。

安部―その後、佐藤さんの生体腎《じん》移植《いしょく》が成功したという一報には胸をなで下ろしました。

佐藤―２０２３年６月に妻の腎臓《じんぞう》を一ついただいたおかげで、腎機能が目覚ましく改善しました。腎機能の数値を見るとクレアチニン値が0・95くらいでして、30代頭のころくらいまで回復したのです。ガンにかからなければ、あと20年から25年生きられる可能性が出てきました。

一時は「余命８年」と言われた人生の残り時間が、一気に残り20～25年まで延びたのです。延長されたもち時間は、神様からもらった時間にほかなりません。これからの残り時間をどう使うか。安部さんがおっしゃるように、私にとっても今が作家人生の分水嶺なのです。

第4章

ロシア革命とシベリア出兵

レーニン指導のもと、世界で初となる
社会主義国家が誕生した。
危機感を抱いた列強諸国がシベリアへ出兵したが、
日本は協定を無視して、
独断で7万2000人の大軍を派遣した
その目論見とは。

■ロシア正教会の司祭ガポンのデモ行進と「血の日曜日事件」

安部―「血の日曜日事件」については、『対決！ 日本史4　日露《にちろ》戦争篇《へん》』の第7章でも触《ふ》れましたが、1905年1月22日（ロシア暦《れき》1月9日）、ロシアの首都サンクトペテルブルクで労働者がデモ行進をしました。ロシア皇帝《こうてい》ニコライ2世に改革を訴《うった》える労働者や家族は、14万人以上も集まったと言われます。

佐藤―大規模な労働運動を組織化したのは、ロシア正教の司祭ガポン（1870～1906）でした。ガポンは暴力的な革命運動や体制転覆《てんぷく》を企図《きと》したわけではありません。労働者たちが十字架《じゅうじか》を掲《かか》げ、憲法制定会議の招集《しょうしゅう》、労働者の権利保障、日露戦争の停止などを請願《せいがん》して歩く、極《きわ》めて平和的なデモ行進でした。

安部―ところがロシア当局は労働者に向けていっせいに発砲《はっぽう》し、亡《な》くなったのは1000人以上、負傷者は2000人以上と言われます。この日が日曜日だったため「血の日曜日事件」と呼ばれました。

佐藤―ソ連時代に血の日曜日事件について「スパイのガポンが挑発《ちょうはつ》した」という説が共産党史観に基《もと》づいて流布《るふ》されていましたが、その後の実証研究では「宗教への信仰《しんこう》に基づく真面目で平和的な労働運動だった」と結論づけられています。平和的な労働運動なのに武力を使って無理やりに鎮圧《ちんあつ》したせいで、結果的にのちの共産党（当時はロシア社会民主労働党）を利することになりました。平和的な回路での異議申し立てを潰《つぶ》してしまったら「仕方ない。以後は暴力を使った非合法運動によって対抗《たいこう》するしかない」という感じになってしまいますからね。銃《じゅう》を乱射して民衆を大量殺戮《さつりく》したのは、悪手《あくしゅ》中の悪手でした。

安部―この乱暴な事件が第一次ロシア革命の引き金となります。１９０５年６～７月にはロシア軍の戦艦《せんかん》ポチョムキン号で反乱が起こり、ポチョムキン号の乗組員は労働者のゼネラル・ストライキ（大規模な労働争議）に合流しようとしました（鎮圧により失敗）。

各地で火の手をあげた第一次ロシア革命は沈静化《ちんせいか》するものの、革命運動は再び火を噴《ふ》くのです。

■パンデミックとロシア革命

安部―１９１４年７月から始まった第一次世界大戦で、ロシアは劣勢《れっせい》を強《し》いられました。ドイツとの戦いを通じてロシアは窮地《きゅうち》に陥《おちい》り、東部戦線ではドイツ軍に押《お》されて後退を続けます。戦争によって物価は高騰《こうとう》し、生活物資の不足がロシアの民衆を直撃《ちょくげき》しました。

厭戦《えんせん》気分と民衆の不満が高まるなか、再びデモ行進が起き、１９１７年３月12日（ロシア暦２月27日）にロシア市民革命（第二次ロシア革命／二月革命）が成功します。首都ペトログラード（第一次世界大戦開戦後、サンクトペテルブルクから改称《かいしょう》）に集結した民衆のデモ行進を軍隊は弾圧《だんあつ》せず、皇帝ニコライ２世が退位してロシアの帝政《ていせい》は終わりました。

なお、ロシア市民革命につながるデモ行進が起こった３月８日は国際女性デーです。女性労働者が多数集まり、女性と男性が一緒《いっしょ》になって帝政を打倒《だとう》したのは印象的な出来事でした。

佐藤―二月革命のデモ行進は、司祭ガポンが先導した１９０５年のデモとよく似ていて、平和的な性格を帯びていました。

安部―女性が中心となって生活の困窮《こんきゅう》を訴える示威《じい》行進は「パンよこせデモ」と呼ばれます。ロシアがもっとも寒い時期に、食糧《しょくりょう》や石炭や暖房《だんぼう》用の薪《まき》は欠乏《けつぼう》していました。このままでは凍死《とうし》か餓死《がし》してしまうため、民衆の怒《いか》りが爆発《ばくはつ》したわけです。

佐藤―ロシア革命が成功してソビエト連邦《れんぽう》が誕生した一つの背景には、安部さんが指摘《してき》されたように民衆の生活が困窮したことが挙げられます。もう一つの重要な要素は、新型インフルエンザの大流行によって生産力が大幅《おおはば》に落ちてしまったことでした。

安部―１９１８年から１９２０年にかけて「スペイン風邪《かぜ》」と呼ばれる新型インフルエンザ

が世界的に大流行しました。皮肉なことに、ウイルスの脅威《きょうい》が大きく影響《えいきょう》したこともあって第一次世界大戦は終結します。

佐藤――新型インフルエンザは世界中に広がったにもかかわらず、なぜ「スペイン風邪」と言われたのでしょう。第一次世界大戦中、スペインは中立国でした。ですから、謎《なぞ》のウイルスについて国内ではその被害《ひがい》は新聞報道されていたのです。交戦国は報道管制を敷《し》いていたため、パンデミック（感染症《かんせんしょう》の世界的流行）によって危機的な状況《じょうきょう》が起こっている事実を隠《かく》していました。

安部――籠城戦《ろうじょうせん》を決めこむ塹壕《ざんごう》でも、艦船《かんせん》の中でも、兵士が高熱を出してバタバタ倒《たお》れていったわけですよね。とんでもないことが起きているのは明らかなのに、軍事機密という建前で事実は世に知らされませんでした。

佐藤――そうしたなか中立国であるスペインだけが報道規制をしていなかったせいで、あのパンデミックが未《いま》だに「スペイン風邪」と呼ばれているわけです。スペインとしては迷惑《めいわく》千万ですよね。「オレたちだけが正直に言ったのに、あとの連中は全部オレたちのせいにしやがって」というわけですよ。

結果として、当時の世界人口が18～19億人と言われるなか、約27%にあたる約5億人が感染したといわれています。

■「平和」を前面に掲げたレーニン

安部―二月革命の結果、ケレンスキー（１８８１～１９７０、ロシアの政治家）を中心とするロシア臨時政府が成立します。さらに１９１７年11月7日（ロシア暦10月25日）、レーニンを中心とするボリシェヴィキ（１９０３年にロシア社会民主労働党が二派に分裂《ぶんれつ》したとき、レーニンの率いた左翼《さよく》の多数派。ソ連共産党の前身）がプロレタリア独裁を目指して武装蜂起《ほうき》し、ケレンスキー臨時政府を打倒し、ソビエト政府を樹立しました（十月革命）。こうして世界初の社会主義国家が生まれ、１９２２年に多くの共和国によって構成する多民族国家「ソビエト社会主義共和国連邦」が誕生するのです。

佐藤―二月革命によって成立したケレンスキーの臨時政府は、戦争をやめようとしませんでした。生産力が衰《おとろ》え、戦争を継続《けいぞく》するどころではなかったにもかかわらず、愚《おろ》かな指導者は戦争を継続したのです。

　そこで登場したのがレーニンという天才的指導者でした。彼《かれ》は「共産主義」というスローガンを前面に振《ふ》りかざして民衆を説得しようとはしません。「我々はただちに平和を実現する」と言って「平和」を前面に掲げました。「あのときロシアの民衆は共産主義を選んだわけではない」と私は見ています。

安部―民衆は共産主義を選んだわけではなく、平和を選んだ。

佐藤―そう思います。そうしたら、平和を選んだ民衆が漏《も》れなく共産主義政権下に組みこまれてしまった。こういう悲劇が起きたのです。

■ムッソリーニの理論を構築したファシスト思想家マラパルテ

佐藤―なぜボリシェヴィキが勝ち、共産党が勝ったのでしょう。ロシアの民衆は心から平和を望み、レーニンが「平和」というスローガンを第一に掲げたからです。怖《こわ》いのは「平和」というスローガンは誰《だれ》にとっても正しいことですよね。平和は民衆の利益になります。いちばん悪質な思想をもった人たちが平和を利用し、平和の看板を使って民衆の心をとらえてしまいました。

安部―レーニンは、市民の声に耳を傾《かたむ》けながら動いたわけではありません。レーニンの思想は革命政党が上から民衆を指導していくという前衛《ぜんえい》主義です。

佐藤―初期のムッソリーニの思想を作ったクルツィオ・マラパルテ（1898〜1957）と

いうイタリアのファシストがいます。彼はロシア革命を非常に正確に分析《ぶんせき》した『クーデターの技術』（クルツィオ・マラパルテ著、手塚和彦・鈴木純訳、中公文庫）という極めて秀逸《しゅういつ》な本を書きました。１９３１年に発刊されたこの本はベストセラーになります。ムッソリーニはその言説が気に食わず、マラパルテは逮捕《たいほ》されてしまいました。

マラパルテによると、革命を成功させるカギは技術の問題だというのです。電気や水道といった基本インフラを制御《せいぎょ》できる技師たちを確保し、少数精鋭《せいえい》の専門家部隊に協力してもらいます。トロツキー（１８７９〜１９４０、ロシアの革命家）がこうした戦略を考え、レーニンが認可《にんか》して「ロシアのライフラインを押さえろ」という指示を出しました。インフラの専門家が数百人もいれば、革命は成就《じょうじゅ》してしまうのです。

少し長くなりますが、『クーデターの技術』から興味深い箇所《かしょ》を引用しましょう。

〈トロツキーは、こう反論する。「なる程。だが、反乱を起こすためには『すべての民衆』は多すぎる。冷静、果敢な蜂起戦術にたけた小部隊があればそれで十分なのだ」〉（『クーデターの技術』88頁）

〈トロツキーは反論する。（略）「われわれが必要としているのは、労働者や、脱走兵、腰抜けの寄せ集めではなく、選抜突撃隊が、どうしても必要なのだ〉（同、89頁）

〈（引用者註＊レーニンの意見）われわれの三つの主要戦闘部隊である海軍、労働者、軍隊内細胞を結合し、まず最初に電信・電話、駅、橋を占拠し、どんな犠牲をはらっても、これらを守り抜かねばならない〉（同、90頁）

〈クーデターの前日、トロツキーは、ジェルジンスキー（引用者註＊後の非常委員会〈秘密警察〉議長）にこう語った。「赤衛軍（引用者註＊ボリシェヴィキの指導下で武装した労働者・農民によって編制された軍隊。旧ソ連陸軍の旧称・労農赤軍〈赤軍〉の前身）は、ケレンスキー政府の存在を考慮に入れてはならない。機関銃で政府と闘っても大して意味はない。大切なことは、国家権力を奪取することだ。戦術的な観点からみれば、共和国評議会、各省庁、ロシア国会は、武装蜂起の対象としては、まったく意味がない。国家権力の中枢は、政治・官僚機構、つまりトーリッド宮殿、マリア宮殿、冬宮にあるわけではなく、国家の神経組織、すなわち発電所、鉄道、電信・電話、港湾、ガスタンク、水道にある」。

だが、ジェルジンスキーはこう答えた。「蜂起の際は、敵の先手をとって敵の中に攻め込み、敵陣で敵をたたかなければならない。われわれが攻撃の対象として選ぶものは、やはり政府でなければならない。敵が防衛体制を構築したその場所で戦闘を開始すべきだ。敵が、内閣、マリア宮殿、トーリッド宮殿、冬宮に集中的に防衛隊を配置するというならば、戦闘はそこで行われなければならない」。そしてジェルジンスキーは、こう結んだ。「国家権力を奪取するためには、労働者大衆によって組織された大部隊を政府に差し向けなければならない」〉（同、115〜116頁）

〈その後の事態の進展は、トロツキーの予見が正しいことを実証した。鉄道員、郵便局員、電信・電話局員、国家公務員、現業職員が仕事を放棄した時は、もう手おくれだった。トロツキーは、ストライキの腰を砕き、レーニンはすでに権力の座についていた〉（同、117頁）

安部―エンジニアに言うことを聞かせて、街中のインフラを突然《とつぜん》ストップさせてしまう。ロシアによるウクライナのインフラ攻撃《こうげき》は、まさにこのメソッド（体系的な方法）に基づいています。

佐藤―ええ、おっしゃるとおりです。

■亡命先のスイスから帰国したレーニン

佐藤―ところで、レーニンとドイツの関係はけっこう複雑なんですよね。第一次世界大戦中、レーニンはスイスに亡命していました。１９１７年に二月革命が成功し、ロシア皇帝ニコライ２世が退位したことを知ったレーニンは、帰国してロシア革命を仕上げようと目論見《もくろみ》ます。帰国ルートは限られていました。第一次世界大戦の真っ最中だったため、ドイツ以外の通り道はなかったのです。

安部―ここは意外と知られていないエピソードかもしれません。

佐藤―「レーニンはドイツのスパイだ」という疑いをかけられるのを防ぐため、レーニンはドイツに相談して封印《ふういん》列車を造りました。「オレは道中でドイツ政府から秘密資金なんてもらっていない。ドイツ人とも会っていないからな」と示すため、スイスを出たあとは扉《とびら》を開けられないように完全に封印した特殊《とくしゅ》車両に乗って首都ペトログラードに戻《もど》ってきたのです。

大戦が終わらず政治的に非常に難しい時期に、なぜドイツはレーニンの通過を認めたのでしょう。「レーニンを本国に返せばロシアは弱体化する」とドイツ政府が見ていたからです。

第一次世界大戦中も第二次世界大戦中も、各国が明石元二郎《あかしもとじろう》（1864〜1919、陸軍軍人）のようなインテリジェンス（情報）戦争を繰《く》り広《ひろ》げていました。

　1918年3月にブレスト・リトフスク条約（ソビエトがドイツなど同盟国側と結んだ単独講和条約）を結ぶにあたり、レーニンはドイツにかなり配慮《はいりょ》した国境線を認めます。ほかの指導者はみんな反対するなか、レーニンはドイツに有利な条約にゴーサインを出しました。ただしレーニンの考え方としては、ブレスト・リトフスク条約によって国境線をどこに引こうがたいした意味はありません。「ロシアで革命が起きれば、続いてドイツでも革命が起きる。やがて世界は全部ソビエトになるのだから、別にかまわない」。こういった発想です。

　昔、日本社会党の左派に向坂逸郎《さきさかいつろう》（1897〜1985）という理論家がいました。彼が次のように唱えていたのを思い出します。

「北方領土問題なんて簡単に解決できる。日本に社会主義政権ができてワルシャワ条約（1955年5月、ソ連を中心とした東ヨーロッパ社会主義圏《しゅぎけん》八カ国で結ばれた友好・協力・相互援助《そうごえんじょ》条約）に加盟すれば、ソ連は日本にとっての脅威ではなくなる。そうなれば北方領土問題は瞬時《しゅんじ》に解決する」

「今の日本社会党は、戦術的に非武装中立の立場を採っているのだ。日本に社会主義政権ができた暁《あかつき》には、軍隊を作り、我々はワルシャワ条約に加盟する」

　向坂はこういう政策を本気で唱えていました。レーニンのような共産主義者も「最終的に世界は一つになる」と信じているので、国境には無頓着《むとんちゃく》だったのでしょう。

■ゴーゴリの傑作小説『隊長ブーリバ』

安部——余談ですが、第3章で話題になった魯迅《ろじん》の『狂人《きょうじん》日記』を読んだものですから、ついでにゴーゴリ（１８０９～52、ロシアの小説家／劇作家）の『狂人日記』を読み返しながらゴーゴリについて勉強し直しました。するとおもしろいことに、２００９年にゴーゴリの〝所有権〟をめぐってロシアとウクライナが争っているのです。２００９年はゴーゴリの生誕２００年だったのですが、ロシアでもウクライナでもゴーゴリを讃《たた》える式典がそれぞれ開かれました。
　ウクライナ生まれのゴーゴリは、ロシアのサンクトペテルブルクに引《ひ》っ越《こ》してから作家デビューを果たしています。
佐藤——つまり、ウクライナ人とロシア人のアイデンティティがまだ未分化な時期ですから、ゴーゴリは「ウクライナの作家」とも言えるし「ロシアの作家」とも言えるのですよね。それは彼が書いた『隊長ブーリバ』を読めばよくわかります。

安部―『隊長ブーリバ』ではコサックの戦いが描《えが》かれます。コサックとは普段《ふだん》は農業や漁業を営み、有事になると武装騎《き》馬《ば》民として戦う半民半軍の戦闘《せんとう》集団です。

佐藤―『隊長ブーリバ』に出てくるコサックは、ロシア正教の熱心な信者です。馬に乗って移動しながら、コサックは主敵のポーランドと戦います。ポーランド軍はカトリック信者です。ロシア正教VS.カトリックの戦争という意味で、今のロシアとウクライナの対立構図と通底します。

■人類学者エマニュエル・トッドの見立て

佐藤―ロシアとウクライナについて、エマニュエル・トッド（フランスの人類学者）が非常に説得力ある解説をしています。トッドによると、ロシアとウクライナでは家族様式が根本的に異なるというのです。少し長くなりますが、トッドの著作から一部をご紹介《しょうかい》します。

〈ロシアは「共同体家族」（結婚後も親と同居、親子関係は権威主義的、兄弟関係は平等）の社会で、ウクライナは「核家族」（結婚後は親から独立）の社会です。

ロシアのような共同体家族の社会は、平等概念を重んじる秩序立った権威主義的な社会で、集団行動を得意とします。こうした文化が共産主義を受け入れ、現在のプーチン大統領が率いる「ロシアの権威的民主主義」の土台となっているわけです。

ですから、西側メディアが、「戦争を引き起こした狂った独裁者」としてプーチン一人を名指しして糾弾するのは端的に言えば間違っています。プーチンのような人物が権力の頂点にいるのは、ロシア社会自身が、彼のような権威主義的な指導者を求めているからです。

他方、ウクライナ社会は、かつて共産主義国を生み出したロシア社会とは異なります。（略）おおよそ核家族構造を持っていて、個人主義的な社会です〉（エマニュエル・トッド著、大野舞訳『第三次世界大戦はもう始まっている』文春新書、38頁）

〈あくまで冗談ですが、歴史的に〝兄弟関係〟にあるにもかかわらず、ロシア人はウクライナ人を「少し劣ったロシア人だ」と見ているところがあります。

ピラミッド型社会のロシア人からすると「自分勝手で、アナーキーで、ポーランド人みたいだ」と見えるわけです〉（同、46〜47頁）

〈核家族は、イギリス、フランス、アメリカのような自由民主主義的な国家に見られる家族システムです。

（略）しかし、「民主主義」が成立するには、まず「国家」が建設されなくてはなりません。民主主義は、「強い国家」なしには機能しないのです。個人主義だけでは、アナーキーになってしまうからです。

　問題は、ウクライナに「国家」が存在しないことです。ウクライナの核家族構造が生み出したのは、「民主主義国」ではなく「無政府状態」だったのです。

（略）西部（ガリツィア）、中部（小ロシア）、東部・南部（ドンバス・黒海沿岸）という三つの地域はあまりに異なっており、ソ連が成立するまで、「ウクライナ」は、「国家」として存在していなかったのです〉（同、39～41頁）

安部―　なるほど。おもしろい見立てですね。

佐藤―　ウクライナは家族様式が核家族《かくかぞく》なので、土地に対する結びつきが非常に強い。「ここは自分たちの土地だ」という意識が強いものですから、その土地を取り上げられることは耐《た》えがたいのです。

　それに対してロシアは共同体家族ですし、１９１７年にロシア革命が成立するまでミール（農村共同体）をみんなで耕していました。「土地は協働作業をする場所」という感覚が根づいているため、個人が土地を所有せず、集団農業をやることへの抵抗《ていこう》は特段ないのです。

安部―１９３０年代、スターリン（１８７８～１９５３、ソ連邦共産党の指導者／政治家）が強《ごう》引《いん》に進めた集団政策に、ウクライナの民衆は大反発しました。

佐藤―ウクライナは集団政策に反発し、みんなで仕事をサボタージュ（怠業《たいぎょう》）して家畜《かちく》を全部食べ尽《つ》くしてしまいます。その結果とんでもない飢饉《ききん》が生じて、人肉を食べるところまで行ってしまいました。

　ウクライナが「ホロドモール」と呼ぶ大飢饉によって、実に１４００万人が餓死したと言われます。ロシア側は「スターリンの集団政策ではどこでもやったことだ。ウクライナ民族を滅亡《めつぼう》させるためにやったわけではない」と主張しているものの、ウクライナはあの大飢饉の記憶《きおく》を未だに忘れていません。

■火事場泥棒のように繰り出したシベリア出兵

安部―１９１７年３月12日（ロシア暦２月27日）にロシアで二月革命が成功すると、１９１７

年11月7日（ロシア暦10月25日）の十月革命によってソビエト社会主義体制ができあがります。すると第一次世界大戦の連合国側であるイギリスやフランス、イタリア、アメリカや日本が合同でシベリア出兵を仕《し》掛《か》けました。「チェコ軍を救出する」というのがシベリア出兵の建前ですが、ロシア革命に外部から干渉《かんしょう》して、世界への社会主義の広がりを食い止めることが主目的です。

佐藤　パラツキー兵団の動きが、歴史の歯車の中でおもしろい働きを果たします。パラツキー（１７９８〜１８７６）とは、19世紀半ばに活躍《かつやく》したチェコの民族思想家です。

　第一次世界大戦中、チェコから徴兵《ちょうへい》された4万５０００人の兵士が連合国側に参加しました。彼らがオーストリア＝ハンガリー帝国《ていこく》の中に入っていくと「同じスラヴ人とは戦いたくない」と言って戦闘をサボタージュし、「オーストリアの支配から独立するために我々も戦いたい」と言ってロシア軍に投降します。そして作られたのが、パラツキーの名を冠《かん》したパラツキー兵団でした。

　ロシア軍に投降したパラツキー兵団は、ロシアと一緒になってドイツ軍と戦います。ところがロシア革命が成功すると、１９１８年3月のブレスト・リトフスク条約によってロシアは第一次世界大戦から降りてしまいました。

そこでパラツキー兵団はヨーロッパの西部戦線に参戦することになり、シベリア経由でフランスに渡《わた》ろうとします。

安部——彼らはロシア革命前の帝政ロシアと手を握《にぎ》っていたグループですから、ロシア革命に反対する勢力ですよね。

佐藤——ええ。ですからシベリアで襲撃《しゅうげき》され、レーニンのロシア軍に殺される可能性がありました。それを食い止めるという名目で、日本をはじめとする連合国がシベリアへ出兵するのです。

安部——表面的には「イギリスやフランスから要請《ようせい》があったので日本がシベリアへ出兵した」ということになっています。実際のところ、日本は「このチャンスを利用して自分の利権を広げようじゃないか。しめしめ」と、火事場泥棒《どろぼう》のように舌なめずりしていたのでしょう。

このときアメリカにも「シベリア出兵してくれ」という要請が出されたものの、アメリカは「ロシアに干渉するのは反対だ」と言って最初は断っています。ところが途中《とちゅう》から「限定的な出兵には同意しよう」と方針を変更《へんこう》し、ウラジオストクに日米それぞれ7000人の兵を出兵することで折り合いをつけました。

対華《たいか》二十一カ条の要求のときの日本のやり口をよく見ていましたから、アメリカは日本の動きに相当警戒《けいかい》を強めていたのでしょう。

■ソ連が暫定的に作った極東共和国

佐藤― ボリシェヴィキのほうも考えたものです。日本がシベリアへ出兵すると、シベリア東部のチタという場所に「極東共和国」という緩衝《かんしょう》国家を作りました（１９２０年４月）。東へ向かって進出していた赤軍は、極東共和国の手前で足を止めてそれ以上東進しようとはしません。「極東共和国は共産主義国ではありません。ここには共産主義が及《およ》んでいませんよ」と言って、日本との衝突《しょうとつ》を避《さ》けるためのバッファ（緩衝地帯）にしたのです。

安部― すると「共産化を阻《そ》止《し》する」という建前がなくなるため、日本はチタまで進出できなくなりますね。

佐藤― ええ。チタから下がらざるをえなくなりました。日本の脅威がなくなったと見るや、１９２２年11月に極東共和国は解消し、ソ連に加盟します。

安部― 日本はアメリカとの間で、シベリア出兵の人数を７０００人と合意していました。にもかかわらず、参謀《さんぼう》本部の独断によって１９１８年10月までに７万２０００人もの兵士を派《は》遣《けん》しています。

佐藤―日本がそこまで出兵を増員したため、共産主義政権の側が一歩引いたわけですよね。そこで非共産主義の緩衝国家をいったんシベリアに作ったものの、頃合《ころあ》いを見てソ連に組みこんでしまったわけです。

■サハリンに眠る石油利権

安部―なぜ日本が７万人を超《こ》える規模の兵士を次々と送りこみ、シベリアに深入りしてしまったのでしょう。「このチャンスに取れるだけのものを取ってしまおう」と拡大への野心を抱《いだ》き、「満州《まんしゅう》における鉱物資源まで確実に支配してしまおう」と狙《ねら》っていたのだと思います。シベリアを押さえれば満州におけるソ連の脅威は激減します。もちろん革命への強い恐怖心《きょうふしん》もありました。

佐藤―そのとおりだと思います。

安部―日清《にっしん》戦争、日露戦争、第一次世界大戦と、日本は近代以降の戦争でことごとく勝ち続けてきました。ここにおいて初めて、日本はシベリア出兵という大きな失敗によってつまずきます。シベリア出兵から８年余りで戦費は10億円に及び、戦死者は３５００人、零下《れいか》30度という極寒《ごっかん》の地で凍傷《とうしょう》となった死傷者は１万人にものぼりました。

ソ連が緩衝国家である極東共和国を作ったということは、話し合いによって一歩引く余地があったということです。日本は一歩引く勇気をもてませんでした。シベリア出兵にはイギリスやフランス、イタリア、アメリカ、カナダ、日本、中華民国《ちゅうかみんこく》の七カ国とロシアの白軍（反革命側の軍隊の総称《そうしょう》）が参加しています。大規模な連合軍を組んでみんなで「共産主義を封《ふう》じこめよう」と信じて出ていったものの、日本の見通しはずいぶんと甘《あま》かったのです。

佐藤―ロシアの赤軍を、匪賊《ひぞく》かギャング集団くらいの感じでとらえていたのですよね。今で言う半グレみたいな素人《しろうと》集団だと甘く見て軍隊が攻《せ》めていったら、半グレどころかけっこう強かった。

ここで注目しなければいけないのは、資源という観点です。当時の日本は、北樺太《きたからふと》（今のサハリン）に油田があることに気づいていましたが、１９１８年の段階では、北樺太までは出兵していません。

安部―シベリア出兵中、日本は赤軍のゲリラ（パルチザン）にずいぶん手を焼いています。１９２０年３月には、極東ハバロフスク地方の尼港《にこう》（ニコラエフスク、現在のニコラエフスク・ナ・アムーレ）でパルチザンからの奇襲《きしゅう》攻撃を受け、捕虜《ほりょ》となった日本軍と居留民１２２名が殺害されます。この尼港事件を口実に、日本は北樺太を軍事占領《せんりょう》して油田開発に踏《ふ》み切《き》りました。

佐藤―「北樺太の石油を確保すれば、もう外国から石油を輸入しなくてもいい」と日本はわかっていました。その見立ては正しかったわけです。なお余談ですが、そのシベリアに向かっていくのが宮沢賢治《みやざわけんじ》の『銀河鉄道の夜』に出てくる列車なんですよね。

安部―宮沢賢治は樺太鉄道に乗りながら『銀河鉄道の夜』のプロットを着想しました。

■シベリア出兵と尼港事件

佐藤―尼港事件を振《ふ》り返《かえ》るとわかるように、シベリアで活動していた赤軍兵はかなり質の悪いギャングみたいな連中です。

安部―シベリア出兵中、日本はゲリラ攻撃に対抗するために焦土《しょうど》戦術を採用しました。無辜《むこ》の市民だろうが兵士だろうが関係なく、村ごと焼《や》き払《はら》う残虐《ざんぎゃく》な作戦を遂行《すいこう》します。

佐藤―赤軍パルチザンもひどかったですが、日本もかなりひどいことをしました。機関車《きかんしゃ》の窯《かま》にパルチザンの指導者を投げ入れて、焼き殺した例もあります。

安部―ソ連が日本に宣戦布告して満州にいっせいに攻めこんできたのは、太平洋戦争終結直前の1945年8月9日でした。猛然《もうぜん》と攻めこんできたソ連軍は「あのときはひどいことをしやがって」と復讐心《ふくしゅうしん》に燃えていたはずです。

佐藤―わずか20年ほど前のことですからね。シベリア出兵当時20歳《さい》だった人が、対日戦争の現場で40歳というイメージです。

安部―攻めこまれる満州の人たちの苦労が映画やドラマで描かれるときは「ソ連兵が平和条約を破って攻めてきて、極悪《ごくあく》非道《ひどう》な蛮行《ばんこう》に手を染めた」と描かれます。その20年前、日本はソ連に逆のことをしていました。

佐藤―タイムスパンで考えたら、20年前のことは誰でも鮮明《せんめい》に覚えていますよ。私にとって鈴木宗男《むねお》事件＊の旋風《せんぷう》は、つい昨日のことのような話ですから。（笑）

＊鈴木宗男事件　鈴木宗男衆議院議員（当時）が２００２年に政治資金規正法違反《いはん》など四つの罪で東京地検特捜部《とくそうぶ》に逮捕・起訴《きそ》され、懲役《ちょうえき》２年の実刑《じっけい》が確定した事件。佐藤優もこの事件に連座し、東京地検特捜部に逮捕、起訴され、09年６月に執行猶予《しっこうゆうよ》付き有罪判決が確定した（13年６月に執行猶予期間が満了し、刑の言い渡しの効力は失われた）。鈴木、佐藤ともに、この事件の本質は国策捜《そう》査《さ》であると著書等で主張している。

第5章　大正デモクラシー

大正デモクラシーの理論的支柱となった
天皇機関説、民本主義が唱えられた理由とは何か。
民本主義の本質とは何か。
政党政治の功罪に迫る。

■穂積八束の天皇主権説　美濃部達吉の天皇機関説

安部―１９１２（明治45、大正元）年、憲法学者の美濃部《みのべ》達吉《たつきち》（１８７３〜１９４８、東京帝国《ていこく》大学教授）が『憲法講話』（現在、岩波文庫に所収）を発表しました。大日本帝国憲法（明治憲法）の体系について解説した『憲法講話』では「天皇機関説」が提唱されます。「主権は天皇にあるわけではない。主権は国家に属する。天皇は国家を代表する最高機関にすぎない」という学説は物議を醸《かも》しました。

佐藤―それまで憲法学者の穂積八束《ほづみやつか》（１８６０〜１９１２、東京帝国大学教授）は、明治憲法について「主権は天皇にあり」と解釈《かいしゃく》する「天皇主権説」を唱えていました。美濃部達吉の天皇機関説は、穂積八束の天皇主権説と真っ向から対立する学説です。

安部―『憲法講話』が発刊された１９１２年というタイミングがポイントです。前年の１９１１（明治44）年1月、幸徳秋水《こうとくしゅうすい》（１８７１〜１９１１）ら12名の社会主義者（生産手段の社会的共有・管理によって平等な社会を実現しようとする思想・運動）や無政府主義者（一切《いっさい》の政治的、社会的権力を否定して、個人の完全な自由と独立を望む考え方）が処刑《しょけい》されました。

佐藤―明治天皇暗殺計画の嫌疑《けんぎ》をかけられた大逆《たいぎゃく》事件（１９１０年に一斉《いっせい》検挙）ですね。

安部―日本社会に衝撃《しょうげき》を与《あた》えた大逆事件を受けて、「日本人にとって天皇とは何なのか」という問いへの答えを、もう一度理論化する必要に迫《せま》られたのです。

それからもう一つ、明治維新《いしん》に至る王政復古政策、そして明治憲法下での天皇主権という「古い殻《から》」と、帝国議会と政党内閣制との折り合いをどうつけるかという課題もありました。国民主権を目指す政治と天皇との折り合いを、学問的に論理立てる必要があったのです。それが帝大教授である美濃部達吉の役目でした。

■「家産国家」としての明治・大正日本

佐藤―当時の日本が近代国家への道を歩んでいるように見えながら、その内実は「家産国家」であったことも重要なポイントです。領土も国民も君主（天皇）の私有財産に等しく、日本全体が天皇を中心とした大きな家族である。極端《きょくたん》に言うと、天皇家の財政と国家予算の区別もついていなければ、「官僚《かんりょう》イコール天皇の家来」という感じです。

殿様《とのさま》と御家人《ごけにん》が「御恩《ごおん》と奉公《ほうこう》」の関係を結び、いざ戦《いくさ》になったときには御家人が殿様のために命を差し出す。明治、大正と時代が移り変わってからも、天皇と日本国民の関係はこれとよく似た形でした。国家自体が、近代的な一つの法人の延長線のようになっていたのです。

今のサウジアラビアと似たような国家体制かもしれません。
当時の日本が家産国家であったために、「この玉（天皇）を取ってしまえば世の中が良くなる」という発想で明治天皇暗殺計画が生まれたのです。ただし天皇制はシステムですから、玉を一人取《と》り払《はら》ったとしても、システムによって次の後釜《あとがま》が出てきます。ですから天皇を一人暗殺しただけでは、社会構造は抜本的《ばっぽんてき》に変わらないのです。

安部―第一次世界大戦中の１９１８年１月８日、アメリカのトーマス・ウッドロウ・ウィルソン（１８５６〜１９２４）大統領はアメリカ連邦《れんぽう》議会で「14カ条の平和原則」を発表しました（第6章で詳述《しょうじゅつ》）。この平和原則の文言《もんごん》を見るとわかるように、当時の欧米《おうべい》諸国と世界情勢は民主主義と国民主権のほうへと向かっていたわけです。
にもかかわらず、日本だけが欧米諸国とは一線を画して、家産国家的な政治体制と憲法体系を維持《いじ》していました。この状況《じょうきょう》は、欧米に対して説明がつきません。そこで天皇制の中身を同じままなんとか保存しつつ、天皇制の解釈だけをうまく変えていけないものか。こうした国家的要請《ようせい》に応えて、美濃部達吉は天皇機関説を発表しました。

佐藤―まったく同感です。

■中央政府官僚のダブルスタンダード

安部―国内的には穂積学説（天皇主権説）で行く。国外的には美濃部学説（天皇機関説）で行く。つまり日本はダブルスタンダードを使い分けながら、諸外国とうまくつきあっていったわけです。

佐藤―およそ相容《あいい》れない二つの憲法学説が並立《へいりつ》していたのですよね。国内向けには天皇主権説の顔、国外向けには天皇機関説の顔をクルクル転換《てんかん》させていたわけです。

安部―第3章で述べたように、国内では「日本は唐《とう》の冊封《さくほう》国ではない。我々は唐に従属なんてしていない。日本と唐はあくまで対等を目指すのだ」と説明しておきながら、唐に出かけたときには「いやあ、ウチは冊封国でございまして。いつもお世話になっております」とペコペコ頭を下げる。日本は昔からこういうダブルスタンダードが得意でした。島国という地理的条件があるおかげで、実態が他国に伝わりづらく、外国と常に一定の距離《きょり》を保てたからでしょう。

佐藤―私はかつて吉野《よしの》文六《ぶんろく》さん（1918～2015、元外務省アメリカ局長）にロングインタビューをして本を出したことがあるのです（『戦時下の外交官　ナチス・ドイツの崩壊を目撃した吉野文六』佐藤優著、講談社文庫）。

安部―沖縄返還交渉《へんかんこうしょう》を担当し、後に日米の間に密約があったことを明かした元外交官ですね。

佐藤―吉野さんは、高等文官試験の司法科と行政科と外交科に全部受かったスーパーエリートでした。戦後で言うところの、司法試験と国家公務員試験と外交官試験に全部受かってしまったのです。

　吉野さんは、高等文官試験で憲法の問題が2種類出たと言っていました。1問は天皇主権説の穂積八束学説、もう1問は天皇機関説の美濃部達吉学説です。官僚になる人間は、天皇主権説と天皇機関説の両方をきちんと理解していなければなりませんでした。

　国民を抑《おさ》えている神話の部分としては、天皇主権説で行く。国家を統治するエリートの立場としては、天皇機関説で臨《のぞ》む。当時の日本国家が奇妙《きみょう》にねじれたハイブリッド性をもっていたことが、吉野さんの証言からよくわかりました。

■民主主義と民本主義

安部―大正デモクラシーの理論的根拠《こんきょ》となった吉野作造は、「民主主義」ではなく「民本主義」という言葉《ことば》を使いました。「主権在民」の民主主義でひた走るためには、大日本帝国憲法が規定する天皇の位置づけを書《か》き換《か》えなければなりません。吉野作造は「主権在民」ではなく「主権は天皇にあり」という立場を維持しつつ、「天皇も国民の幸せをお望みなのだから、民衆の意向に基《もと》づいて普通《ふつう》選挙と議会政治を実現するべきだ」と主張しました。

佐藤―パリ不戦条約（第一次世界大戦後の1928年8月27日に締結《ていけつ》）を見直してみると、吉野作造が言わんとした日本の立場がよくわかります。日本はパリ不戦条約にすぐにはサインせず、いったん態度を留保しました。

〈締約国《ていやくこく》ハ、国際紛争《ふんそう》解決ノ為《ため》戦争ニ訴フルコトヲ非トシ、且其ノ相互《そうご》関係ニ於テ国家ノ政策ノ手段トシテノ戦争ヲ抛棄《ほうき》スルコトヲ其ノ各自ノ人民ノ名ニ於テ厳粛《げんしゅく》ニ宣言ス〉（第1条）

パリ不戦条約を制定する権力主体が〈人民ノ名ニ於テ〉と書かれているのがまずかったのです。「我《わ》が国では主権は天皇にある。人民にそういった権利はない」と留保し、日本は文言の修正を申し入れましたが受け入れられませんでした。

安部―そこは極《きわ》めて象徴的《しょうちょうてき》ですね。

佐藤―意外とみんなパリ不戦条約に注目してないんです。「この条約を制定できる権力はどこにあるのか」というところで立ち止まり、日本は態度を留保せざるをえませんでした。

■大正天皇の特異性

佐藤―天皇の役割についていちばんうまく説明しているのは、戦後に神社本庁を作った葦津《あしづ》珍彦《うずひこ》（１９０９〜92、右翼《うよく》の理論家）です。葦津珍彦は「司《つかさ》（国家制度）は複雑だから、中央政府に官僚や専門家といった頭脳集団を集めて運営しなければならない。ただし司の働きは天皇の名によって、その都度公布する。天皇とは鏡なのだ。その鏡に自分の姿を映して、何か後ろめたいところやどす黒いところがないか。天皇とはそこをチェックする機関なのだ」と説明しています。

安部―その説明は、天皇機関説のベースにある「国家とは法人である」「天皇は法人格の一部（機関）である」という考え方と共通しています。

一方で、明治天皇が亡《な》くなって（１９１２年7月30日に崩御《ほうぎょ》）大正天皇（１８７９〜１９２６）の時代に代替《だいが》わりしたときに、幼いころから病弱だったこともあって「大正天皇は少し心《こころ》許《もと》ないな。明治天皇にはカリスマ性があったが、この人はどうも先代ほどの能力がないようだ」という不安を人々は抱《いだ》いたと思うのです。

佐藤― 大正天皇は、天皇個人としてもっとも侵略《しんりゃく》に関与《かんよ》していない天皇ですよね。明治天皇や昭和天皇と比べてみると、大正天皇は自身の主体的な意志で、日本の植民地支配や戦争に関わった場面がほとんど見受けられません。

安部― だからこそ、大正天皇に代替わりしてから「天皇をどう位置づけるか」という問題が噴出《ふんしゅつ》しました。先ほどの繰《く》り返《かえ》しになりますが東京帝国大学法学部としては、そういった社会的要請に応え、天皇制の位置づけについて答えを示さなければならなかったのです。

　天皇主権説では、天皇に間違《まちが》いがあった場合に対応できません。明治憲法（大日本帝国憲法）の第３条には〈天皇ハ神聖ニシテ侵スヘカラス〉と書いてあるため、カリスマ性に欠けた大正天皇の統治に難癖《なんくせ》をつけるなんてことは矛盾《むじゅん》そのものです。天皇機関説の立場に立てば、「天皇の無謬《むびゅう》性（間違いがないこと）」という問題とうまく折り合いをつけられます。

　実を言うと、天皇機関説のほうが日本の天皇制の伝統に合っているのです。ほとんどの時代、天皇は直接的に政治に関わっていませんからね。なぜ天皇が直接政治に関わらないのか。しくじったときに責任を取れないからです。

佐藤― 天皇が直接政治に関わろうとすると、往々にして大混乱するんですよね。後醍醐《ごだいご》天皇（１２８８～１３３９）が典型です。

安部―あのときは、京都の「北朝」と吉野の「南朝」が並立する事態となり、約半世紀にわたって全国的な内乱（南北朝の争乱）が続きました。

中大兄皇子《なかのおおえのおうじ》・中臣鎌足《なかとみのかまたり》らが蘇我《そが》氏を打倒《だとう》して始まった大化の改新（６４５〈大化元〉年）のときも、天智《てんじ》天皇の弟大海人皇子《おおあまのおうじ》と天皇の長子大友皇子《おおとものおうじ》が皇位継承《けいしょう》をめぐって争った壬《じん》申《しん》の乱（６７２年）が起きるなど、大宝律令《たいほうりつりょう》が制定（７０１〈大宝元〉年）されるまで混乱をきたして統治がうまくいきませんでした。

■新聞の普及と「想像上の政治的共同体」の萌芽

安部―日露《にちろ》戦争（１９０４～05年）が終わったあとに日露戦後恐慌《きょうこう》（１９０７～08年）が起きると、そこから明治天皇崩御と大正時代の幕開けに向かって国民が政治に声を上げるようになっていきました。そして大正デモクラシーが熱を帯びていきます。

佐藤―私は新聞と小説の普及《ふきゅう》が大きく影響《えいきょう》したと思います。明治の終わりから、庶民《しょみん》がこぞって新聞を読むようになりました。それまで活字を読まなかった人たちが、新聞や小説を読んでみんなで熱狂《ねっきょう》する時代が訪《おとず》れたのです。活字媒体《ばいたい》の普及によって、ベネディクト・アンダーソンが言うところの「想像上の政治的共同体」が生まれました。

熊さんも八っつぁんも、対外関係や戦争に関して、みんな我が事のように関心をもつようになったのです。

安部―熊さんや八っつぁんといえば、落語に出てくるごく普通の庶民です。学はないし財産も社会的地位もないかもしれませんが、彼《かれ》らはとにかく元気であり、世の中で起きていることに好奇心旺盛《こうきしんおうせい》でした。

佐藤―新聞がなければ、１９０５（明治38）年９月の日比谷焼き打ち事件も起きなかったでしょう。

安部―あのときは日露戦争の講和条約であるポーツマス条約に反対する怒《いか》れる国民が日比谷公園に集結し、警官隊の取り締まりにひるむことなく内相官邸《ないしょうかんてい》・国民新聞社などを襲撃《しゅうげき》して、交番などを焼き打ちにしました。

佐藤―新聞の普及にともなって、識字率はより向上しました。教育の水準が急速に上がっていったことも、大正デモクラシーを後押《あとお》しした要因です。すなわち第３章でも触《ふ》れたナンバースクールだけでは足りなくなるほど高等教育を受ける学生が増え、中等教育まではかなりの割合が受けるようになりました。

尋常《じんじょう》小学校の６年間だけで終わらず、そのあと半分ぐらいが高等小学校（現在の中学１年と2年）まであと2年勉強する。女の子の2割くらいが高等女学校まで進むようになり、急速な形で教育が拡張していきました。

安部―まったくおっしゃるとおりです。教育が普及するとともに、大正時代には印刷技術が飛躍的《ひやくてき》に向上しました。大正末期には、「読売新聞」や「東京朝日新聞」（現・「朝日新聞」）さらには「東京日日新聞」（現・「毎日新聞」）は、1社で100万部出せるだけの体制になります。新聞はとうとう庶民のものになったのです。

識字率の向上にともなって、日露戦争中に政府と軍部が新聞を通じて民衆を煽《あお》ったわけですよね。「この戦争に勝ったら日清《にっしん》戦争の何倍もの賠償金《ばいしょうきん》がもらえる。みんながんばれ。今は我慢《がまん》だ」と新聞が書き立てたものだから、庶民はそれを信じて一生懸命《いっしょうけんめい》我慢しました。

ところがポーツマス条約ではまったく賠償金が取れません。そこで怒った民衆が日比谷焼き打ち事件を起こしたわけです。「新聞を使って民衆をうまいこと操作してやろう」と思っていたら、新聞によって政府が逆襲《ぎゃくしゅう》を受ける逆転現象が起きたのです。

佐藤―前巻の『対決！日本史4 日露戦争篇《へん》』で語り合ったとおり、日露戦争後に日本は「お魚」はもらえませんでしたが、釣《つ》り場《ば》をもらえました。魚を現物支給してもらうよりも漁場をもらったほうがずっと良いのに、民衆にはそれが見えなかったわけです。

安部―軍部や政府の要請に応じて、戦争を煽動《せんどう》する記事を載《の》せれば、新聞が売れて新聞社は儲《もう》かりました。賠償金が取れないとなったときに、今佐藤さんがおっしゃったような説明をきちんと新聞で書けば良かったのですよね。

佐藤―初動で「まずい。このままでは民衆が決起するぞ」と気づけば良かったのですが、その危機に気づけなかったのです。

安部―新聞社が手のひら返しで「賠償金を取れなかったのは政府の弱腰《よわごし》だ」と攻撃《こうげき》し、日比谷焼き打ち事件が起き、やがて桂太郎《かつらたろう》内閣は総辞職しました（1913〈大正2〉年2月20日）。戦争中の好景気や戦後の不況《ふきょう》、あるいは国内政治の舵取《かじと》りがどう行《おこな》われるかを民衆が体験し、自分たちの生活に直接影響することを敏感《びんかん》につかみ取るようになったのです。

■「全体の代表」シンドロームからの脱却

安部―第一次世界大戦末期の1918（大正7）年8月2日、日本政府はシベリア出兵を宣言しました。戦争特需《とくじゅ》を見越《みこ》して投機が加熱し、シベリア出兵前後に米の価格が暴騰《ぼうとう》します。悲鳴を上げた主婦はデモや一揆《いっき》を起こし、暴力的な米騒動《こめそうどう》は全国に波及《はきゅう》しました。9月29日、寺内正毅《てらうちまさたけ》（1852～1919）首相《しゅしょう》は米騒動の責任を取って辞職し、原敬内閣が成立します。

佐藤―「平民宰相《さいしょう》」の誕生です。原敬は爵位《しゃくい》（華族《かぞく》の等級）をもっていなかったため、民衆から「平民宰相」と呼ばれて親しまれました。

安部―原敬内閣では、陸軍大臣と海軍大臣、外務大臣以外のすべての閣僚《かくりょう》が立憲政友会（1900〈明治33〉年、初代総裁・伊藤博文《いとうひろぶみ》のもとに憲政党や伊藤系官僚が無条件参加して結成）のメンバーによって構成されました。そのため「日本初の本格的政党内閣」と評されます。

主権在民ではなく「天皇主権」に基づく明治憲法体制の制約がありながら、原敬は明治維新以来の藩閥《はんばつ》政治と軍国主義体制を、欧米流の民主主義、議院内閣による政党政治へと変えようと試みました。原敬によるその取り組みは、陸・海・外の大臣を除く閣僚に立憲政友会のメンバーをあてたことでもわかるとおり、一定の成果を生んだといえるでしょう。

どうしてその成果が生み出せたのでしょう。美濃部達吉の天皇機関説や吉野作造の民本主義が民衆の思想的主流となっていたおかげで、原敬の改革を支持する民衆が日本には大勢いました。そういう流れのなかで、彼が首相になれたのです。

佐藤―重要なのは、立憲政友会のような政党が出てきたことによって、日本が「全体の代表」症候群《しょうこうぐん》（シンドローム）から抜《ぬ》け出《だ》したことです。「政治は全体の代表なのだ。国民全部を代表しているのだ」というシンドロームに対して「それは違《ちが》う。資本家や地主の利益と、勤労大衆の利益は違うではないか」と異を唱える声を受けて「部分を代表する政党」が出てきました。その政党が議会で、資本家や地主の利益と勤労大衆の利益の折り合いをつける時代が始まったのです。

　ただしここではっきりしてきたのが、立憲政友会なるものが要するに地主の味方だということでした。かたやのちに立憲政友会と並ぶ昭和前期の二大政党となる立憲民政党（1927〈昭和2〉年6月、憲政会と政友本党の合同により結成）は大資本家の味方だったわけです。「では大衆の代表はどこにいるのか」ということで無産政党（第二次世界大戦前の日本における社会民主主義諸政党の総称《そうしょう》）が出てくるわけですが、「無産政党には共産主義者が連なっているから見過ごすわけにはいかない」と弾圧《だんあつ》を受けて、日本に大衆の政党、民衆を基盤《きばん》とする本格的な政党が生まれませんでした。

安部—結局、「平民宰相」原敬は平民の利益を守りきることができませんでした。

■「我田引水」ならぬ「我田引鉄」

安部—原敬内閣の基本方針の一つは、全国のインフラ整備でした。鉄道網《てつどうもう》の整備、道路網《どうろもう》の整備です。すると立憲政友会の議員を輩出《はいしゅつ》した地盤《じばん》で、戦後でいえば田中角栄《かくえい》のような露《ろ》骨《こつ》な利益誘導《ゆうどう》が始まりました。「我田引水《がでんいんすい》」になぞらえて「我田引鉄《いんてつ》」（政治家が自らの選挙区に利益を誘導するがごとく鉄道を誘致《ゆうち》すること）と揶揄《やゆ》されたほどです。

積極的財政政策が推奨《すいしょう》されたため、インフラ整備には次から次へと政府の予算がつぎこまれました。すると当然キックバック（支払《しはら》い代金《だいきん》の一部を支払人に戻《もど》すこと）を狙《ねら》う人たちも出てきます。「我田引鉄」は金権政治の温床《おんしょう》になっていったのです。

佐藤―大正デモクラシーによって民本主義、民主主義が次第《しだい》に確立していくとともに、その裏では金権政治がセットになっていきました。

先ほど申し上げたように、民主主義の政治は「部分の代表」同士が切磋琢磨《せっさたくま》します。「部分の代表」の影響力《えいきょうりょく》を広げるために、資本主義システムの中で権力をもつ者はカネを使うことを惜《お》しみません。メディアを使って「自分たちの政策が正しいのだ」と広報するためにはカネが必要です。選挙運動をするときには運動員が必要ですから、ここにもカネがかかります。ときには買収でカネをバラまく悪徳議員もいるでしょう。

「民主主義の中には必ず金権政治の問題が含《ふく》まれている」という前提に立って、金権政治の悪影響《あくえいきょう》を極小化していくほかありません。

安部―今のお話は、昨今の自民党政治にも通底する手痛い指摘《してき》ですね。

1856（安政3）年生まれの原敬は、39歳《さい》のときに若くして大阪毎日新聞の編集長になりました。その3年後には、42歳にして大阪毎日新聞社の社長に就任します。マスコミ関係者から首相になったのは、原敬が初めてではないでしょうか。

佐藤―第1号だと思います。

安部―政治とマスコミが抜《ぬ》きがたく結びつく時代が訪れました。

佐藤―安部さんが指摘されるとおり、原敬が「平民宰相」であると同時に、メディア出身の宰相でもある事実が重要です。ベネディクト・アンダーソンが言うところの「想像上の政治的共同体」を形成してきた新聞社の人間が、政界のトップまで上《のぼ》り詰《つ》める時代が到来《とうらい》しました。

安部―原敬はものすごく優秀《ゆうしゅう》な人物で、新聞社の社長から立憲政友会に招き入れられ、1900（明治33）年にいきなり伊藤博文内閣の逓信《ていしん》大臣に就任してしまいます。高い能力をもっていたため、政界でも飛び級の出世を果たしました。

■選挙法を支えた「恒産神話」

安部―原敬内閣が成立して8カ月後の1919（大正8）年5月、衆議院議員選挙法が改正されました。選挙権が与えられる条件は「国税10円以上を納める男子」から「国税3円以上を納める男子」に緩和《かんわ》されています。

佐藤―「貧乏人《びんぼうにん》には選挙権なんて与えてはならない」という考え方は、一種の恒産《こうさん》主義です。

安部―儒学者《じゅがくしゃ》である孟子《もうし》（紀元前３７２～前２８９）は「恒産なくんば、因《よ》りて恒心《こうしん》なし」（安定した職業と収入がない者は、常に変わらずしっかりと安定した道徳心をもつことができない）と言いました。

佐藤―「ろくに仕事もせず、酒をかっ喰《く》らって博打《ばくち》をやっている。刹那《せつな》、刹那で生きているような連中に同じ１票を与えたら、『それバラまくぞ！』とたちまち買収されて、とんでもない議員が当選してしまう」「労働者として真面目に働き、きちんと納税して富を蓄《たくわ》えることができる人間は、勤勉で計画性がある。政治家はそういう人たちの１票によって選ぶべきだ」

こういう議論です。初期の選挙法は、民衆を大切にしていない愚民《ぐみん》システムなのですよね。たとえ当初は無知な民衆であっても、教育をきちんと受ければ、楽しいことの中身は変わってきます。健全な娯楽《ごらく》があれば、酒や博打に走って身を滅《ほろ》ぼすことはありません。

それからもう一つ、のちに選挙人資格から納税要件が撤廃《てっぱい》され、満25歳以上の男子に選挙権が与えられた普通選挙（１９２５〈大正14〉年）を導入したのはロシア革命の影響もありました。このまま恒産主義で突《つ》き進《すす》んでいたら、不満を抱《かか》えている民衆たちは全員共産主義に流れかねません。するとある閾値《いきち》を超《こ》えた瞬間《しゅんかん》、革命が起きる可能性がありました。

「共産主義だけは勘弁してほしい」と願う為政者《いせいしゃ》たちは、普通選挙と治安維持法（1925〈大正14〉年、国体の変革と私有財産制度の否認《ひにん》を目的とする結社や行動を処罰《しょばつ》するために定められた）をセットで導入して共産主義者を弾圧しました。普通選挙導入は、怒れる民衆を考慮《こうりょ》したガス抜きの側面があったのです。

安部—あの当時、普通選挙を求める国民運動が続いていました。「納税額10円以上という条件を3円以上まで引き下げよう」という改革案とは別に、反対政党からは「納税額2円以上まで引き下げよう」という改革案があったのです。結果的に立憲政友会の「納税額3円以上」という案が圧倒的《あっとうてき》な支持を得て可決されました。

つまり、今佐藤さんがおっしゃったような世界観（恒産主義）をもっている選挙民のほうが圧倒的に多かったのです。村の地主や事業家が立憲政友会の主な支持者ですから、まさに「酒を飲んで博打をやっているようなやつらに、オレたちと同じ人権を認めていいのか」という議論になったのでしょう。

■キメラのような民本主義

安部―原敬内閣の方針、そして大正デモクラシーが崩《くず》れていく理由がどこにあるかを考えなければいけないと思います。一つは明治憲法の制約が大きすぎたことです。

佐藤―大正デモクラシーの流れが崩れていった原因が、明治憲法にあることは間違いありません。

安部―天皇主権を守ることによる制約が大きすぎたのです。美濃部達吉にしろ吉野作造にしろ原敬にしろ、明治憲法の制約があるなかで、必死で日本を世界標準に合わせていこうとしました。

佐藤―うんと悪く言うと、彼らが行おうとしたことは鵺《ぬえ》でありキメラなんですよね。天皇制と民主主義を合わせようとすると、鳥なのか獣《けもの》なのかわからない化け物、頭と尻尾《しっぽ》の組み合わせが違った化け物が誕生してしまうのです。民本主義という思想は一種の鵺、あるいはキメラでした。

安部―民本主義の基本的な発想として、なぜ民が元になるのか。「あの天皇陛下が民の幸せを願ってくれているじゃないか」という考え方があるからです。これはすごい発想ですよね。

佐藤―この考え方を現代に生かしているのが朝鮮《ちょうせん》民主主義人民共和国の首領福（金日成《キムイルソン》）、将軍福（金正日《キムジョンイル》）、大将福（金正恩《キムジョンウン》）という考え方です。「こんなに立派な首領様、将軍様、大将様をいただけた我々は幸せだ」というわけです。「首領福」「将軍福」「大将福」によって、北朝鮮《きたちょうせん》の神話が成り立っているのです。

それから、もう一つここで押《お》さえておきたいのはジェンダーです。大正デモクラシー当時の「普通選挙」は「男子普通選挙」と正確に表記するべきでしょう。女性が人口の半分いるにもかかわらず、女性には一切選挙権がない。その考え方の基本は何でしょう。「戸主は男であり、その戸主によって家の政治的な意志は代表される」。だから女性の政治意志がない。あるいは女性の政治意志は、自動的に家に糾合《きゅうごう》されてしまうのです。

でもこれは裏返して言うと、男性の政治意志もないということなんですけどね。戸主は家の政治意志によって投票するわけですから。政治参加が家の伝統的な思想と結びつけられていることもあるわけです。まさに民主主義とは相容れないキメラ的な特徴《とくちょう》です。

安部―今とは比べものにならないほど家父長制の縛《しば》りが強かった当時は、家督《かとく》相続人は先代の政治意志をそのまま引《ひ》き継《つ》ぎました。

佐藤―大日本帝国憲法では〈天皇ハ神聖ニシテ侵スヘカラス〉（第３条）、〈天皇ハ国ノ元首ニシテ統治権ヲ総攬《そうらん》シ此《この》ノ憲法ノ条規ニ依リ之《これ》ヲ行フ〉（第4条）と規定されています。戦後の日本国憲法では〈天皇は、日本国の象徴《しょうちょう》であり日本国民統合の象徴であって、この地位は、主権の存する日本国民の総意に基《もと》づく〉（第1条）と書き換えられました。

「象徴」すなわち我々と同じ「凡夫《ぼんぷ》の一人」という位置づけになれば、大日本帝国憲法に内在したキメラ的な問題は解消されます。民主主義と天皇が併存《へいぞん》しても矛盾しない。天皇は日本国の象徴として日本文化の中に包摂《ほうせつ》されるわけですからね。

安部―美濃部達吉の天皇機関説も、おそらくそこの着地点を目指していたのではないでしょうか。ところが明治憲法があったせいで、天皇機関説はキメラ的にならざるをえなかったのでしょう。

■原敬首相暗殺事件

安部―1921（大正10）年11月4日、東京駅で衝撃的《しょうげきてき》な暗殺事件が勃発《ぼっぱつ》しました。原敬首相が刺殺《しさつ》されてしまったのです。

佐藤―暗殺の真相にはさまざまな説がありますが、その原因は「政治とカネ」と言われています。「原の野郎《やろう》はけしからん。金権政治によって私財をたくさん貯《た》めこんでいるじゃねえか。

オレがやってやる」と、大塚《おおつか》駅の転轍手《てんてつしゅ》（線路の分岐《ぶんき》ポイントを操作する職員）だった中岡艮一《なかおかこんいち》が、暗殺事件を起こしてしまったのです。

安部―金権政治に対する庶民の怒《いか》りを一手に背負って、当時18歳だった中岡艮一は行動を起こしました。

佐藤―同志社大学創立者の新島襄《にいじまじょう》（1843〜90）は「普通選挙導入反対。国会の開設も早すぎる」と主張しました。「この国にはものすごい買収体質がある。普通選挙なんて導入したら空前の金権選挙になるぞ。最初に代議制民主主義に耐《た》えうる人間をじっくり教育してから選挙をしなければ、たいへんなことになる」と新島襄は考えたわけです。

安部―そうこうするうちに貧しい民衆は置き去りにされ、金権政治が横行し、とうとう民衆の怒りが爆発《ばくはつ》したわけですね。新島襄の警告がそのまま的中してしまったとも言えます。

佐藤―民主主義に基づいて選挙をやるときには、どうにかして多くの票を集めなければいけません。ともすると選挙民との人間関係を構築するために、カネを使って飲み食いさせようとする政治家も出てきます。この金権政治と民主主義との折り合いをどうつけていけばいいのか。「政治とカネ」が大きな問題（2023年末に表面化した自民党におけるパーティ券収入の未記載問題）となっている今、大正デモクラシーの当時を振《ふ》り返《かえ》る意義はとても大きいのです。

■第一次世界大戦の戦争特需が生んだ社会格差

安部―原敬首相暗殺に関連して、もう一点追加で申し上げます。第一次世界大戦中に戦争特需による好景気が盛り上がったものの、戦争が終わって１９２０（大正９）年になると、今度は大不況《だいふきょう》が起こりました。すると国民の多くが、とりわけ下層に置かれた人たちが困窮《こんきゅう》していきます。多くの会社が倒産《とうさん》し、大企業《だいきぎょう》の寡占化《かせんか》が進んでいきました。

佐藤―大企業は軍部と結んでますます力を増していきます。

安部―おっしゃるとおりです。軍部とは、いわば戦争という公共事業の巨大《きょだい》な発注者ですからね。大企業と軍部が結びつくことによって、余計に社会格差が広がりました。そのことに対する強烈《きょうれつ》な怒りが、テロリズムを生んでいったのです。まさにそういう青年の一人に原首相は命を奪《うば》われました。

佐藤―当時の社会はケタ違いの格差が生じていました。原首相暗殺から10年後の１９３１（昭和６）年になりますが、当時、三井財閥《ざいばつ》の理事長だった団琢磨《だんたくま》の所得税は年間12万４０００円。同じ三井の筆頭理事だった池田成彬《しげあき》は、三井銀行からの給与《きゅうよ》だけで年40万円でした。

ちなみに１９３１年の公務員減俸までは内閣総理大臣の年俸は１万２０００円、減俸後は終戦まで９６００円でした（「東京朝日新聞」１９３１年5月25日付）。現在の総理大臣の給与は約４０００万円ですから、三井財閥がどれほどの高給取りだったかがわかります。

一方、三井物産では、海外駐在者に多額の在勤手当を支給していたことも含めると年収４０００円を超える多くの社員がいました（三鍋太朗「戦間期における高級船員の人事体系・賃金・労働実態　１９２０年代三井物産船舶部の事例」）。東京都板橋区仲宿の一戸建ての家賃が１９１９（大正８）年で、月９円50銭だった（『値段の明治・大正・昭和風俗史』週刊朝日編、朝日新聞社）ことから類推すると、彼らの年収であれば、おそらく２～３年分の給与で東京に家が建ったのではないでしょうか。

また、三井物産のような商社は、社員と雇員《こいん》（正社員とは別の雇《やと》われ人）を分けていました。雇員の給与は正社員と比べて数十分の一程度でした。

安部―　社員と雇員との間に、激しい身分格差が存在しました。民衆が怒るのは当然です。

佐藤―　外務省でも戦前は、今で言う一般職《いっぱんしょく》（高卒者、旧・国家公務員Ⅲ種）の人たちは「外務省雇《やとい》」という扱《あつか》いでして、外務省の正職員にはなれませんでした。つまり現在の非正規雇用《こよう》の問題は、一種の戦前化であり戦前への回帰なのです。

社員と雇員の格差は、現在の正規雇用と非正規雇用の格差よりもはるかにかけ離《はな》れていました。福利厚生が保障されていないだけではなく、賃金もまったく違うし椅子《いす》まで違ったのです。

安部—不況はそういう人たちを直撃《ちょくげき》します。第一次世界大戦後の戦後不況によって、日本社会に大量の失業者があふれました。

佐藤—身分保障がないので、不況になると雇員はすぐ首を切られてしまうのです。ほかの国であれば、失業者が増えると街頭にあふれます。日本は街頭に失業者があふれませんでした。なぜかというと、『対決！日本史3　維新から日清戦争篇』でも触れましたが、農村があるからです。

安部—都市部で仕事を失った労働者は、農村に戻って農村に吸収されるわけですね。

佐藤—戦前の農村では、ほとんど現金収入は必要ありませんでした。自給自足して、足りないものは物々交換《ぶつぶつこうかん》しながら、農村で働いてなんとか食べていけました。農村がいびつな形で失業者の受け皿になったのです。

でも農村と都市部の格差があまりに開きすぎると、国民国家ではなくなってしまいます。格差がある閾値を超えると「国民」という感覚が共有されません。国民国家の体制が崩れてしまうことは、戦争を遂行《すいこう》する国家にとって都合が悪いのです。

■日本にファシズムを生み出した「亜インテリ」

安部―結局のところ、美濃部達吉の天皇機関説は穂積八束の天皇主権説との議論に敗れました。一時期は美濃部の天皇機関説が「最新の学説だ。日本はこっちで行くべきだ」と主流になったように見えたのですが、旧制中学校あたりでは美濃部の学説を採用していないのです。美濃部学説は、強烈な尊皇思想によって上書きされてしまいました。

佐藤―そこのところは、丸山眞男《まさお》（１９１４～96、政治学者）が言うところの「亜《あ》インテリ」（インテリもどき）の働きがポイントです。丸山は「小学校の先生や神主《かんぬし》や地場の知識人、亜インテリが日本ファシズムを作り出していった」と述べました。

　私は特定の職業と「亜インテリ」を結びつける丸山の認識の背景には、自分たち大学教授は、このような「亜インテリ」と異なるという思い上がりがあると思います。「亜インテリ」は大学教授にも少なくありませんでした。

　美濃部達吉があれだけいじめられるようになったのは、私は一人の人間の影響がすごく大きいと思います。国士舘《こくしかん》大学教授の蓑田胸喜《みのだむねき》（１８９４～１９４６）です。彼は「むねき」を「きょうき」と読《よ》み替《か》えて「蓑田狂気《きょうき》」という不名誉《ふめいよ》なあだ名で呼ばれていました。蓑田は

『原理日本』という雑誌を発刊して「美濃部博士は自決せよ」とさんざん煽ります。みんな怖《こわ》がって、蓑田胸喜には触《さわ》りたがりませんでした。

エリート層が美濃部学説に乗っかり、大衆は天皇主権の國體《こくたい》論で行く。こういうハイブリッド制でやれていたころは良かったのですが、やがて1935（昭和10）年になると軍部、在郷軍人会、右翼団体などを中心とした國體明徴《めいちょう》運動が沸《わ》き起《お》こり、天皇機関説は排除《はいじょ》されていきました。かつて日本の官僚の標準学説だった天皇機関説が禁書扱いにされ、完全に封《ふう》じこめられてしまったのです。國體明徴運動は軍部による政治支配の一つの転機となりました。

安部―そのなかで亜インテリによる全国各地の子どもたちへの教育が、尊皇思想と天皇中心主義の温床になっていきました。エリート層と比べ人口比は亜インテリによる教育を受けた子どもたちのほうがはるかに多いため、日本ファシズムの暴走に拍車《はくしゃ》をかけてしまったのです。

佐藤―ユーチューブやユーチューブショート（ショート動画）を眺《なが》めると「誰《だれ》も知らない真実の日本の姿」「太平洋戦争の真珠湾《しんじゅわん》奇襲《きしゅう》はコミンテルンの陰謀《いんぼう》だった」なんて陰謀論があふれています。ああいうものを眺めながら「なるほど。教科書には書いていない歴史だ」と真実かどうか確証がないにもかかわらず、なぜか納得《なっとく》してしまう。戦前の学校の先生や亜インテリは、現代の陰謀論者と同じように軍国主義化と戦争を煽り立てました。

安部―大正デモクラシー一つを考えてみるだけでも、後の第二次世界大戦につながっていく要因がたくさんあることがよくわかります。

佐藤―ここで何が重要なのでしょう。「高い学知や精緻《せいち》な思想、民主的な思想をエリート層の中だけにとどめておけばなんとかなる」という考え方は間違いなのです。偏《かたよ》った極端な情報を煽る人たちがいるなかで、民衆は試行錯誤《しこうさくご》しながらもときに間違えることがあるのです。学知に裏づけられた正しい思想を民衆に広め、正しい教育によって民衆の力を底上げしていく。究極的にこの地道にして粘《ねば》り強《づよ》い努力によってしか、戦争を回避《かいひ》することはできません。

第6章

ヴェルサイユ条約とワシントン体制

パリ講和会議、ワシントン会議で
列強諸国の本音と建前が錯綜する。
天文学的な賠償金を科せられたドイツ。
アメリカ、ソ連が加盟しない国際連盟の結成。
日本は世界の一等国に仲間入りをしたが……。
ここに〝破滅〟への萌芽があった。

■第一次世界大戦が終結した理由

安部―１９１４（大正３）年７月28日に勃発《ぼっぱつ》した第一次世界大戦は、４年以上の長きにわたって続きました。１９１８（大正７）年10月３日、ドイツはアメリカのトーマス・ウッドロウ・ウィルソン大統領が提示した「14カ条の平和原則」に基《もと》づいて休戦の申し入れをします。11月11日には休戦協定が締結《ていけつ》・発効し、とうとう第一次世界大戦が終結しました。

４年以上にわたって、同盟国（ドイツ、オーストリア＝ハンガリー帝国《ていこく》、オスマン帝国、ブルガリア）だけで２５００万人以上もの兵員を動員しています。同盟国だけで、今のロシア・ウクライナ戦争に動員されている兵士の10倍以上の規模です。しかもその戦争が４年以上も続きました。

当時、世界第２位の経済力を誇《ほこ》ったドイツとはいえ、「もうこれ以上戦闘《せんとう》を続けられない」と疲弊《ひへい》と厭戦《えんせん》ムードが広がったのは当然です。

１９１７年４月６日にアメリカが第一次世界大戦に参戦すると、西部戦線は圧倒的《あっとうてき》に連合国のほうが有利になっていきます。アメリカは船に大量の物資を載《の》せて、次から次へと西部戦線に届けて支援《しえん》体制を整えました。そのおかげでアメリカは大儲《おおもう》けします。

それともう一つ、ドイツの中でロシア革命に共鳴する民衆がストライキや反乱を起こし、ドイツ国内の内政が混乱状況《じょうきょう》にありました。これら三つの要因によって、ドイツは第一次世界大戦終結に踏《ふ》み切《き》ります。

佐藤―ご指摘《してき》のとおりだと思います。戦争には臨界点があるんですよね。ヨーロッパ人の頭の中には、ドイツを舞台《ぶたい》としてヨーロッパ諸国を巻きこんだ30年戦争（1618〜48年）のモデルが思《おも》い浮《う》かんでいたはずです。「30年間にわたって間欠的に戦い続けたものの、これだけ長く戦ったところで、もうどうしようもない。ならば平和だ」とヨーロッパ人は発想を切《き》り替《か》えました。大量殺戮《さつりく》のあとでどちらも勝てない状況であれば、平和に向かって手打ちをするしかないわけです。

■戦争にピリオドを打ち、平和をもたらしたパンデミック

佐藤―それからもう一つ、第一次世界大戦を終わらせた決定的なきっかけはスペイン風邪《かぜ》でした。すでに第４章で述べたことの繰《く》り返《かえ》しになりますが、なぜ「スペイン風邪」と言うのでしょう。どの国の陣営《じんえい》でも兵士が高熱を出して調子が悪くなり、その原因がわからないまま塹壕《ざんごう》の中で動けなくなってしまう。「突撃《とつげき》！」と命令しても足腰《あしこし》がまるで立たない。

どの国も、自国の兵士がそうなっていることを内密にしました。中立国であるスペインだけが「とんでもない風邪が流行《はや》っているぞ」と盛《さか》んに報道したわけです。そのせいで世界中が「スペイン発のパンデミックが起きた」と勘違《かんちが》いしてしまいました。

安部―21世紀の今でも「スペイン風邪」と呼んでいますが、あのパンデミックの発生源がスペインだったかどうかは定かではありません。

佐藤―おそらくスペインには他国からウイルスが入ってきたのでしょう。中国の新型インフルエンザを苦力《クーリー》（出稼《でかせ》ぎの下層労働者）あたりがもってきて、強毒化してヨーロッパの戦場に入っていったのではないでしょうか。

当時、イギリス軍とフランス軍の西部戦線での後方支援を目的に、９万６０００人もの労働者が中国から動員されました。彼《かれ》らは列車に閉《と》じ込《こ》められてカナダを横断して、ヨーロッパまで運ばれたのです。

安部―連合軍も同盟国もすごい数の戦死者や負傷者を出し、さらには両軍揃《そろ》ってパンデミックに徹底的《てっていてき》にやられてしまったわけです。

佐藤―連合軍も同盟国と同じぐらい疲弊していたわけですよね。ならば「ケンカ両成敗」という形で戦後処理をしておけば、第二次世界大戦につながる恨《うら》みつらみを未然に抑《おさ》えることができたかもしれません。

ところがヴェルサイユ講和会議の結果、江戸《えど》時代に起こった忠臣蔵《ちゅうしんぐら》（刃傷《にんじょう》事件の結果、切腹、お家断絶・改易の処断を受けた浅野《あさの》内匠頭《たくみのかみ》に対して吉良《きら》上野介《こうずけのすけ》はお咎《とが》めなしの処分となった）と同じ構造がヨーロッパに生まれたのです。まさにヴェルサイユ講和会議後のドイツとオーストリア＝ハンガリーを浅野家家臣のようにしてしまったのです。

安部―その喩《たと》えは、忠臣蔵のドラマを見慣れた我々にはとてもわかりやすいです。

佐藤―戦争が終わったとき、連合国と同盟国の力の差はほぼ五分五分でした。５・05と４・95ぐらいの僅差《きんさ》です。ですから「ケンカ両成敗」とも言うべき戦後処理をしておけば、第一次世界大戦後にヨーロッパで赤穂浪士《あこうろうし》は生まれなかったかもしれません。

■第一次世界大戦中のイギリスのインテリジェンス戦争

佐藤―第一次世界大戦の裏側では、イギリスによる猛烈《もうれつ》なインテリジェンス戦争が展開されました。１９１６（大正5）年12月、J・W・ロバートソン・スコット（１８６６～１９６２）という自称《じしょう》新聞記者が『是《これ》でも武士か』（丸善）という本を出版しています。英語と日本語の二カ国語で合本になっていまして、翻訳者《ほんやくしゃ》は柳田《やなぎた》国男《くにお》（１８７５～１９６２、民俗学者《みんぞくがくしゃ》）だと言われているのです。

〈この本の目的は、ドイツ人は条約を守らない侵略者で、そのうえ残虐きわまりない人たちだということを、日本人に強く印象づけようとしたもので、イギリスの宣伝秘密本部が日本を狙って撃ち込んできた、恐るべき宣伝弾丸である〉（『プロパガンダ戦史』池田徳眞著、中公文庫、98頁）

ちなみに池田徳眞《のりざね》（１９０４〜93）とは、徳川第15代将軍・徳川慶喜《よしのぶ》の孫です。

安部―そんなプロパガンダ（ある政治的意図のもとに主義や思想を強調する宣伝）本を、あの柳田国男が翻訳していたとは驚《おどろ》きです。

佐藤―１９１５年５月７日、アイルランド沖でイギリスの客船ルシタニア号が撃沈《げきちん》されました。攻撃《こうげき》を加えたのはドイツの潜水艦《せんすいかん》です。当時は第一次世界大戦について中立国の立場だったアメリカ人１２８人が巻《ま》き添《ぞ》えになったため、アメリカ国内で「こんな非道なことをするドイツに宣戦布告をするべきだ」という世論が沸騰《ふっとう》しました。

安部―ただしアメリカ国内では非戦論の意見も強かったようです。

佐藤―そのとおりです。「民間の客船を偽装《ぎそう》しているが、実際は武器も戦闘員《せんとういん》も運んでいたため中立ではない。あの船を沈《しず》めるのは国際法的に合法だ」という議論がアメリカでもありました。池田徳眞の『プロパガンダ戦史』には、『是でも武士か』に書かれた中身の一部が紹介《しょうかい》されています。『是でも武士か』は挿絵《さしえ》つきでして、ドイツ兵がいかに非人道的な鬼畜《きちく》か、虚実《きょじつ》ない混ぜで荒唐無稽《こうとうむけい》に書き立てています。

イギリスの情報戦では、日本もターゲットになっていました。日本の軍部はもともと極《きわ》めてドイツ寄りだったのですが、第一次世界大戦を通じて一気に連合国寄りに傾斜《けいしゃ》します。日本の態度が急旋回《きゅうせんかい》した背景には、イギリスによるインテリジェンス活動の成果が相当あった。これが池田徳眞の説です。私は池田徳眞の説は正しいと思います。彼の見立ては、今のロシア・ウクライナ戦争にも通底します。

安部―たしかに、戦争のときは両陣営が総力戦ですからね。フェイクニュースだろうがプロパガンダだろうが、あらゆる方法を駆使《くし》して喧伝《けんでん》します。どちらがより多くの味方を集められるかによって、戦況《せんきょう》は大きく変わるわけです。

佐藤―ドイツはロシアのソビエト政権とブレスト・リトフスク条約（1918年3月）を結ぶことで、ロシアを抱《だ》き込《こ》み、一歩前進しました。ところがアメリカの第一次世界大戦参戦とスペイン風邪のダブルパンチによって、ドイツは二歩後退せざるをえなかったわけです。

安部―アメリカが参戦してこなければ、第一次世界大戦の帰趨《きすう》はどうなっていたかわかりません。

佐藤―私もそう思います。アメリカが参戦しなくて、なおかつロシアが戦線から離脱《りだつ》しなければ、あの戦争はどうなっていたかわかりません。

■パリ講和会議でなされた日本人への公然たる人種差別

佐藤―ヴェルサイユ条約について話し合ったパリ講和会議の場で、日本は初めて深刻な「語学の壁《かべ》」を感じました。それまでの講和会議は二カ国間交渉《こうしょう》だったため、みんなゆっくり話してくれたのです。

安部―日清《にっしん》戦争も日露《にちろ》戦争も、基本的にサシの議論でした。

佐藤―多くの国が関わる第一次世界大戦のパリ講和会議は、多国間交渉ですから、参加者はものすごいスピードで話します。日本はこれまで、全体のルールを作れるアジアで唯一《ゆいいつ》の国でした。ところが語学の壁のせいで、日本は自分たちが取れるはずの権益をほとんど取れないままパリ講和会議は終わってしまったのです。

国際会議で勝ち馬の流れに乗るのがいかにたいへんか。日本は初めて国際社会の厳しさを実体験したのです。

安部──戦勝国になっても、語学ができないとまったく話にならなかった。

佐藤──パリ講和会議について極めて実証的に書かれた『ピースメイカーズ　1919年パリ講和会議の群像』（マーガレット・マクミラン著、稲村美貴子訳、芙蓉書房出版、上下巻）という本に、興味深い記述があります。

〈あるとき会議中に、クレマンソー（引用者註＊フランスの首相《しゅしょう》）は横にいるフランス外相に聞こえるような声で、「世界には、ブロンドの女性がいることを考えるために、我々はここで醜い日本人と顔を突き合わせているのだ」と言った〉（『ピースメイカーズ　1919年パリ講和会議の群像』下巻、53頁）

〈様々な会議に出ている日本代表は、イギリスの解説者に言わせると、「主に見る側に回っていた」。たどたどしい英語やフランス語しか話せないというのは理由にはならなかった。ある委員会で、議長が日本人の委員に賛否を尋ねると、「あ、はい」という答えが返って

きたのである〉（同）

安部―「なんでパリで美しいフランス人の姿ではなく、猿《さる》のように醜悪《しゅうあく》な日本人の姿を見なければならないんだ」とフランスの全権代表が公然と言ったわけですか。とんでもない人種差別ですね。

佐藤―そこで日本は「国際連盟憲章に人種差別撤廃条項《てっぱいじょうこう》を入れるべきだ」と主張したものの、総スカンで拒否《きょひ》されます。アジア人と有色人種は国際社会で小バカにされ、力が十分にないから国際秩序《ちつじょ》を作る場にまったく加えてもらえない。自分たちが置かれた姿を目《ま》の当《あ》たりにした屈辱的《くつじょくてき》な国際会議だったのです。「言いたいことがあったらフランス語で言ったら？」と言われても、フランス語が出てこないわけです。

そこで何が起きたかというと、日本の外務省の研修制度が変わりました。当時の外務書記生（現在の外務省専門職員。高い語学力と経済、条約、安全保障などの深い知見を有する）を2年から3年間、官務（公務員の職務）から放して、語学だけに特化して勉強させる制度ができたのです。まずは若手職員に語学を徹底《てってい》的に身につけさせて、高度専門家を養成する制度ができあがったのです。

安部― 佐藤さんも外務省時代、この制度によって留学したんですよね。

佐藤― そうです。戦前にできた制度のおかげで、私は英国陸軍語学学校やモスクワ国立大学言語学部に留学できました。

それまで草野球しかやったことがない人たちが、初めて本格的な試合に参加した。その反省に基づいて、今日まで続く外務省の研修制度が整えられてきたのです。

■100年前も顕著だった「アメリカ・ファースト」

安部― 第一次世界大戦への参戦を決めたとき、ウィルソン大統領は「政治的にここがアメリカにとっての勝負だ。介入《かいにゅう》し時だ。今までのイギリス中心の世界観から、アメリカ中心の世界観へと転換《てんかん》できるチャンスだぞ」と考えていたのでしょう。イギリスやフランスにとっては「ここらへんが潮時だぞ」という皮算用もあったと思います。そこそこのところで戦争をやめて、賠償金《ばいしょうきん》を取れる体制を維持《いじ》しておいたほうが都合が良かった。

佐藤― そのとおりだと思います。あまり徹底的に痛めつけて相手を壊滅《かいめつ》させてしまったら、賠償金なんて取り立てられませんからね。

安部― 死なない程度にドイツを痛めつけておきたかった。

佐藤―その意味においては、第一次世界大戦の処理までは、まだ戦争にビジネスとしての要素が残っているんですよね。「直接相手から賠償金を取ることによって、戦争はビジネスになる」という発想です。

一方でアメリカが帝国主義化し始め、「14カ条の平和原則」に象徴《しょうちょう》されるように「価値観によって正義を実現しよう」という外交が芽生えてきました。それに対して、後ほど述べますが、当時のアメリカの上院はトランプ的だったのです。

安部―「アメリカは世界のいざこざにいちいち首を突っこむべきではない」という「アメリカ・ファースト」と拡張を続ける帝国主義政策が、第一次世界大戦後のアメリカ国内でせめぎ合っていたわけですね。

■ウィルソン大統領の「14カ条の平和原則」

安部―第一次世界大戦終結にあたり、連合国の思惑《おもわく》は交錯《こうさく》しました。イギリスやフランスはとにかく「ドイツ憎《にく》し」で、ドイツから取れるだけのものを取ってしまいます。賠償金を取れるだけ取るわ、領土を取るわ、ドイツの植民地まで奪《うば》ってしまいました。もちろん再軍備は許しません。勝者の権利を生かし、敗者からあらゆるものを奪おうとしました。

一方でアメリカのウィルソン大統領は国際連盟を作り、新外交の原則を確立しようとします。たとえば機会均等や海上通行の自由です。ウィルソンが打ち出した「14カ条の平和原則」は、公平性を装《よそお》いつつ、アメリカにかなり都合のいい内容でした。

日本はドイツから山東《シャントン》半島の領有権を受《う》け継《つ》ぐことに成功します。太平洋諸島でドイツ領だった植民地も、自分のものにしました。

ヴェルサイユ条約を主導したアメリカ、イギリス、フランス、イタリア、そして日本に共通の思惑は、①「14カ条の平和原則」の受け入れ、②国際連盟の結成、③共産主義の封《ふう》じこめです。

佐藤— そのとおりです。

安部— 1917年にロシア革命が起きると、レーニンは「無賠償・無併合で戦争を終結させるべきだ」と主張します。レーニンの訴《うった》えは、ウィルソンの「14カ条の平和原則」にも生かされました。

佐藤— 「14カ条の平和原則」を読むと、ドイツを敗戦国扱《あつか》いせず遇《ぐう》するという旨《むね》が書かれています。

安部— 「14カ条の平和原則」の一部をご紹介しましょう。

〈われわれは、ドイツを傷つけたり、ドイツの正当な影響や力を、いかなる形でも阻止したりすることを望んではいない〉

〈われわれが望むのは、ドイツが支配者の地位ではなく、今われわれが住む新しい世界の諸国民の間の平等な場所を受け入れることである。

そしてまた、われわれは、ドイツの諸制度のいかなる変更ないしは修正をも提案するつもりはない〉（「アメリカンセンターJAPAN」のウェブサイトより）

「14カ条の平和原則」の中には、ロシアが選んだ政権を尊重するとも書かれています。

〈すべてのロシア領土からの撤退と、ロシアに影響を及ぼすあらゆる問題の解決。それは、ロシアに対して自らの政治的発展と国家政策を独自に決めるための、制約と障害のない機会を得させるために、世界各国の最良かつ最も自由な協力を確保し、またロシアが自ら選んだ制度の下で、自由な諸国の社会に真摯に迎えられることを保証するだろう。また歓迎にとどまらず、ロシアが必要とし希望するあらゆる援助の提供も保証するだろう。今後何カ月かの間に、ロシアに対して姉妹諸国が支える待遇は、それら諸国の善意と、彼ら自身の利益と切り離してロシアが必要としているものへの理解と、彼らの知的で、しかも利己主義を排した同情心の試金石となるだろう〉（同）

この「14カ条の平和原則」を受け入れたと言いながら、日本はシベリア出兵に踏み切りました。アメリカが最後まで日本のシベリア出兵を渋《しぶ》ったのは、どう考えても「14カ条の平和原則」の精神に反するからです。

■怪物ヒトラーを生んだヴェルサイユ体制

佐藤―フランスやイギリスは、ドイツに対して徹底した報復的態度で攻勢《こうせい》をかけました。

安部―第一次世界大戦後の戦後ヴェルサイユ体制は、本音と建前の間にものすごい乖離《かいり》があるのです。ヴェルサイユ条約では平和な世界の構築をうたっているにもかかわらず、連合国側のやり方はまるで異なりました。

ヴェルサイユ条約が発効したのが1920年1月です。それからわずか13年でアドルフ・ヒトラー（1889〜1945）が出現し、首相にまでなってしまいました（1933年1月）。連合国によるあまりにも強固な制裁が、ドイツ国民を不幸と屈辱《くつじょく》のどん底に叩《たた》き落《お》としてしまった。それがゆえに、ヒトラーという怪物《かいぶつ》を生んでしまったのではないでしょうか。

佐藤―そのとおりだと思います。チェスをやる人たちの発想でヴェルサイユ体制を作ったのが、根本的にまずかったのではないでしょうか。チェスでは一回死んでしまった駒《こま》はそれで終わりです。もう一回その駒が生き返り、ほかの場所でいろいろ使われる可能性を考える必要はありません。

安部―将棋《しょうぎ》は手駒《てごま》がいったん死んでも、何度でも生き返って戦線に復帰できます。

佐藤―「ドイツから全部取っちまえば、やつらはもう二度と立ち上がれない」と高《たか》をくっていたのです。死にかけたドイツが「なにクソこの野郎《やろう》」と駒を蓄《たくわ》えて、また攻《せ》めこんでくる可能性を連合国側はきちんと想定しませんでした。

第一次世界大戦で負けたあと、ドイツはどこで軍備を増強したのでしょう。実はソ連です。ドイツの再軍備は厳しく制限されていたため、ドイツはソ連とラパロ条約を結びました（1922年4月）。ソ連は赤軍を強化したい。ドイツは再軍備によって連合国側に対抗《たいこう》したい。両者の思惑が一致《いっち》した結果、ドイツは秘密軍事協力によってソ連の赤軍を指導し、共同軍事訓練を進めました。

ロシア革命のときには、ドイツとロシアのボリシェヴィキが手を握《にぎ》っています。そのあとドイツがワイマール共和国（１９１８年11月のドイツ革命によって生まれたドイツ最初の共和国）に移り変わると、ソ連はドイツの軍事的な技術がほしい。西側の資本主義国はドイツの再軍備に協力しなかったのですが、ソ連は協力しました。

■ドイツに科せられた１３２０億マルクの賠償金制裁

安部―ヴェルサイユ条約によって、ドイツに極めて重い制裁が科せられました。第１に、先ほども話題にのぼった海外植民地の剝奪《はくだつ》です。第２に、１３２０億マルク（現在の日本円に換《かん》算《さん》して約２００兆円）という天文学的な賠償金が科せられました。ドイツの国家予算の何十年分にも及《およ》ぶ金額です。

佐藤―これに関しては前出の『ピースメイカーズ　１９１９年パリ講和会議の群像』に詳《くわ》しい記述があります。

〈もし、賠償額が高すぎれば、ドイツ経済は破綻し、イギリスの輸出業者にとっても損失であった。金額が低すぎればドイツは簡単に払ってしまいすぐに復興するだろうが、フランスには悪夢であった。被害総額を誇大にし、曖昧にすることが関係者すべてに利益であったので、はっきりとした数字を出すのは容易ではなかった。連合国には、支払わせるべき金額を誇張するほうが利益であり、ドイツにとっては支払い金額を誇大に喧伝するのが得であった。

（略）

新生ワイマール共和国の民主制は耐え切れないほどの負担を負って誕生したので、ナチスはドイツ人の怒りを利用できたのであると言われる〉（『ピースメイカーズ　1919年パリ講和会議の群像』上巻、242頁）

安部―賠償金《ばいしょうきん》によってドイツが追《お》い詰《つ》められ、ヒトラーは国民の怒《いか》りを煽《あお》ってプロパガンダに利用したわけですね。

佐藤―ナチスは国民の熱狂的《ねっきょうてき》な支持を掌握《しょうあく》するために、賠償金を最大限に利用しました。終戦直後のインフレは半端《はんぱ》な規模ではありません。特にハンガリーのインフレは「京《けい》」（「兆」の1万倍）の単位まで膨《ふく》らみ、ケタ違《ちが》いでした。ドイツのインフレも相当激しかったですが、3ケタぐらい規模が違います。ハンガリーのインフレは世界最大で、パンを買うために行列に並んでいると、行列の最初と終わりでパンの値段が変わってしまうほどでした。

安部―それはたまらないなあ。行列に並んで待っている間にインフレが進んで、パンが高くなってしまうわけですか。

佐藤―激しいインフレのせいで、自分の財産やオカネの価値は全部無に等しくなってしまいました。実際のところ、ドイツは第一次世界大戦の賠償金をほとんど支払《しはら》っていません。

安部―現実的に払うことが不可能な懲罰的金額《ちょうばつてききんがく》を、連合国は賠償金として科したわけですね。

■ドイツ叩きによって生まれた反ユダヤ主義

安部―とうてい完済できるわけがない天文学的な借金を、戦勝国が懲罰的に科してしまう。こういうことをやるべきではありませんでした。そのやり方が、やがてナチスによって反ユダヤ主義に利用されていくのです。

佐藤―イギリスやフランスの心理は「やってやったぞ。これだけの借金は一生かかっても払えないだろう。ああ気持ち良かった」という感じだったと思います。外交の世界で「ああ気持ち良かった」「言ってやったぞ」みたいな極端《きょくたん》なことはやってはいけないのです。

安部―１９３３年に首相になったヒトラーは、すぐにユダヤ人の財産を没収《ぼっしゅう》し、その財産を「ドイツ帝国の財産」に転換する「アーリア化」を進めました。さらに反ユダヤの法律「ニユルンベルク法」によってユダヤ人の公民権を否定し、ドイツの市民生活から強制排除《はいじょ》していったのです。

佐藤―その政策をドイツの民衆が支持しました。民衆は「オレたちがこんな苦しい生活をしているにもかかわらず、ユダヤ人たちは儲《もう》けている」と怒っていたからです。

安部―戦争に負けてから苦しい生活を強《し》いられ、さらには世界大恐慌《だいきょうこう》（１９２９年）の影響《えいきょう》で、ドイツの失業者は６００万人にも膨《ふく》れ上《あ》がっていました。ドイツ国民からすると、カネ儲けしまくっているように見えたユダヤ人は、我慢《がまん》ならない対象でした。

佐藤―それをヒトラーが煽って、みんな「そういうものなのかな」と思ってユダヤ人弾圧《だんあつ》を支持したのです。「日本人である自分がちっとも豊かにならず、社会の中でいまいちパッとしないのは朝鮮人《ちょうせんじん》のせいだ」という差別の構図と一緒《いっしょ》です。「あいつらはパチンコ屋や焼き肉屋を経営して成功している。しかも脱税《だつぜい》しているぞ」「あいつらはオレたちにない特権をもっているぞ」と煽る勢力がいますよね。

安部―最近は「１玉１円パチンコ」とか「１玉50銭パチンコ」なんて利益率が極端に低いお店が増えていて、パチンコ屋は儲からずにあちこちで潰《つぶ》れていますけどね。

佐藤―なのに「新聞や雑誌には書かれない真実はネットの中にしかない。現実はこんなことになっているのだ。我々は絶対に許してはならない」なんて街頭でヘイトスピーチ（特定の民族や国籍《こくせき》の人々を排斥《はいせき》する差別的言動）を繰《く》り広《ひろ》げる。そんな人たちが国会で議席をもって、政党としてヘイトスピーチと陰謀《いんぼう》論を煽り始めたらたいへんなことになります。

民主主義社会では言論の自由がありますから、異常な主張をする人がいるのは仕方ありません。ただしナチスみたいな人たちが政治エリートの世界に出てくるのを許してはいけないのです。異常な主張をする人がいるならば、対抗言論を張ってきちんと線引きする。彼らが議会に進出できないようブレーキをかけるのも、民主主義の大切な役割です。

■アメリカが国際連盟に加盟しなかった理由

安部—第一次世界大戦後の1920年1月、国際連盟が結成されたにもかかわらず、アメリカはこれに参加しませんでした。大国のこうした無責任な態度は、戦間期（1919～39年）の混乱を広げ、第二次世界大戦を引き起こした原因の一つです。

佐藤—要するに、アメリカはこれ以上ヨーロッパのゴタゴタに巻きこまれたくなかったのです。彼らには第一次世界大戦への当事者意識がありませんでした。強いて言うならば「アングロ・アメリカン同盟」という枠《わく》組《ぐ》みで、アメリカは渋々《しぶしぶ》第一次世界大戦に参戦したのです。

「イギリスは我々と非常に関係が近い。そのイギリスがあんなにひどい目に遭《あ》っているのだから、アメリカもちょっとくらい加勢してやろうじゃないか」という程度の感覚でした。第2章でも語り合いましたが、アメリカ人から見ると、第一次世界大戦のきっかけがとても不《ふ》明瞭《めいりょう》だったのです。

「小国のセルビアの青年が、オーストリア＝ハンガリーの皇太子夫妻を暗殺した。どう考えても暗殺したほうが悪いに決まっている。しかしドイツやフランスは、敵と味方の筋がどうなっているのかわからない。もはやどっちが正しいか判断できないじゃないか。こういう筋の悪い戦争に、なぜ我《わ》がアメリカが巻きこまれなければいけないのか」

「我々にはもっとほかにやることがある。ヨーロッパでの戦争は、ヨーロッパで解決したらいい。なんで我々が、わざわざヨーロッパまで行かなければならないのか」

アメリカの上院はこういう感覚です。イギリスとアメリカの関係が近いから、義侠心《ぎきょうしん》に駆《か》られて第一次世界大戦に遅《おく》れて出ていっただけのことです。

安部―第一次世界大戦後の世界の平和を保つために国際連盟ができたのに、アメリカは参加を渋りました。この点は、現代人の感覚からは理解不能かもしれません。

佐藤―リアリズムを重視するアメリカ人が、国際社会への肩入《かたい》れを嫌《いや》がったのです。「アメリカの国力はまだまだそんなに強くないぞ。オレたちは世界の問題に首は突っこまない」と閉じた感覚だったのです。他方でソ連も「国際連盟なんて絶対入らない」と殻《から》を閉ざしています。ソ連から見たら「国際連盟は資本家の連合体だ」という感覚でした。

安部―一方で第一次世界大戦のおかげで、アメリカでは戦争特需《とくじゅ》が起こりましたね。

佐藤―「戦争特需のおかげで自分たちの財布《さいふ》が潤《うるお》ったのだから、それでいいじゃないか」という感じだったのでしょう。あのときアメリカが国際連盟に入れば、カネをもっているのでおそらく巨額《きょがく》の拠出金《きょしゅつきん》を要求されたでしょうね。ヨーロッパは戦争で経済も財政も疲弊しており、余裕《よゆう》がありません。国際連盟が、復興のためにアメリカの財政的な協力を狙《ねら》っていた可能性が高いと思います。

「会員制クラブなんだから、クラブの会費を納めろ。それぞれの国力に応じて応分負担しろ」なんて言われたら、とんでもないツケが回されるかもしれません。だからアメリカは国際連盟に関わりたくありませんでした。

安部―ロシア・ウクライナ戦争をめぐる現在のアメリカと似たような話ですね。

佐藤―ウィルソンのように「世界秩序が」云々《うんぬん》と言っているのが今のバイデン大統領です。そしてアメリカの上院の伝統をなぞっているのがトランプ氏でしょう。さらに付言するなら、当時、中立国という理由でスイスのジュネーヴに国際連盟の本部を置いてしまったのはまずかったと思います。

安部―いかにもヨーロッパ中心主義という感じが漂《ただよ》います。

佐藤―ですから第二次世界大戦後は国際連合本部をニューヨークに置きました。ニューヨークに本部を置けばアメリカが当事者になるので、国際社会は否《いや》が応《おう》でもアメリカを国連に巻きこめます。国際連合本部をヨーロッパではなくアメリカ本土に置いたのは、国際連盟で失敗した反省もあったのでしょう。

■第一次世界大戦後のワシントン会議

安部―１９２１年11月から１９２２年２月にかけて、アメリカのウォレン・ハーディング（１８６５～１９２３）大統領の主導によってワシントン会議が開かれました。第一次世界大戦の戦勝国であるアメリカ、イギリス、フランス、イタリア、日本は五カ国条約（ワシントン海軍軍備制限条約）を結び、海軍の主力艦《しゅりょくかん》のトン数を制限するよう合意を結んでいます。

　この条約では、五大海軍国の主力艦保有量の比率を、アメリカ５、イギリス５、日本３、フランス１・67、イタリア１・67とすることなどが決められました。

佐藤―アメリカとイギリスは、アジア太平洋の海軍国として台頭してきた日本の軍備増強を「抑《おさ》えこみたい」と考えていたわけです。一方で日本は、大規模な海軍建設に乗り出してはみたものの、財政への圧迫《あっぱく》、物資の不足などの困難を抱《かか》えていました。

安部―ワシントン会議にはオランダやベルギー、ポルトガル、中国も参加しました。軍縮とともにワシントン会議の主要議題であった中国問題について、この四カ国とアメリカ、イギリス、日本、フランス、イタリアの計九カ国で、「九カ国条約」が結ばれます。

佐藤―中国の主権・独立・領土的行政的保全の尊重、中国における商工業上の機会均等、勢力範囲《はんい》設定の禁止などをうたったこの条約は、これまでアメリカが主張してきた門戸開放・機会均等の原則を列国に承認《しょうにん》させるものでした。

安部―日本は九カ国条約を結ぶにあたり、独自の勢力範囲を有することを主張しましたが認められず、その後、山東省の権益を中国に返還《へんかん》し、日本軍を撤退《てったい》させることなどに合意しています。

アメリカは中国における日本の策動にも歯止めをかけ、第一次世界大戦後のアジア太平洋の勢力地図を描《えが》いたワシントン体制を構築したのです。

佐藤―１９０２（明治35）年1月に結ばれた日英同盟の目的は、ロシアの極東進出を食い止めることでした。20年にわたって続いてきた日英同盟は、ワシントン会議によって廃棄《はいき》されます。

アメリカは、日本とイギリスが同盟国として束になって向かってくることを恐《おそ》れていました。振《ふ》り返《かえ》ってみれば、独立戦争（1775〜83年）のときにアメリカとイギリスは戦争をやったわけです。それ以来、両者の間で小競《こぜ》り合《あ》いはときどき起こってきました。アメリカとイギリスの利害は中国で衝突《しょうとつ》していたため、太平洋戦争が始まるまで米英可分（アメリカとイギリスの分断）の可能性は十分あったのです。

安部—第一次世界大戦に続く次の戦争でイギリスと衝突する事態を、アメリカは絶対に避《さ》けなければなりませんでした。

佐藤—とはいえ、日英同盟を解体するのは容易ではありません。そこでアメリカは、日英同盟を「発展的に解消する」という形に仕向けました。

第二次世界大戦から今日にかけてのイギリスは力を失い、アメリカと一体となっています。第一次世界大戦当時のイギリスは、今よりはるかに力をもっていました。アメリカはドルの経済圏《けいざいけん》をもち、同時にイギリスはポンドの経済圏を世界に展開していたのです。世界の基軸《きじく》通貨は、ポンドとドルの二つが並立《へいりつ》する時代でした。

ですからアメリカとしては「アングロ・アメリカン」の親近感を利用して、イギリスと日本を切《き》り離《はな》しておきたかったのです。万々が一でも、イギリスと日本がくっついてアメリカの権益に向かってくる可能性を切《き》り崩《くず》さなければなりませんでした。

とはいえ、こうした枠組みはアメリカ・イギリス・日本の三カ国では構築できません。そこで極東でほとんど権益をもっていないフランスを引きこんで、四カ国のシステムとして中和しました。

安部――このころすでにアメリカでは「日本は敵対勢力だ」「日本は仮想敵国だ」という意識が芽生えていました。仮想敵国と見なした日本を封じこめるため、「オレンジ計画」という戦争計画を着々と練っていくのです。

■日本がアジア太平洋に展開した航空ネットワーク

安部――日本は第一次世界大戦の戦勝国となり、ヴェルサイユ条約によって山東半島における旧ドイツの権益を獲得《かくとく》しました。さらに太平洋諸島の権益まで手に入れたことが、アメリカにとって具体的な脅威《きょうい》となったのです。

佐藤――そのとおりです。現に日本は、その後アメリカが恐れていたとおりにアジア太平洋に広く進展しました。第2章でも触れましたが、戦時中に日本が展開した大日本航空が、どれくらい広い範囲で航空ネットワークをもっていたのでしょう。

安部―大日本航空とは、今日の日本航空（ＪＡＬ）とは別の会社と言われていましたね。

佐藤―ええ。別です。国策の航空会社です。大日本航空の航路はサイパンやパラオなど南洋群島に延びていただけではありません。満州《まんしゅう》や南京《ナンキン》、北京《ペキン》、上海《シャンハイ》、青島《チンタオ》など中国大陸は当然として、マニラ、バンコク、サイゴン、ハノイ、ジャカルタへも飛び、日本の飛行機はオーストラリアのすぐ近くまで就航していたのです。

安部―日本はなぜアメリカに戦争を仕掛《しか》けて勝てると確信していたのでしょう。好戦論者の宣伝材料として「アメリカ軍の艦隊《かんたい》が出てきても、各諸島にある航空基地から飛行機を飛ばして迎《むか》え撃《う》てばいい」という説が唱えられました。「敵は長距離《ちょうきょり》を航行して来なければいけないわけだから、各個撃破《げきは》で撃退《げきたい》できる」というわけです。こうした好戦論が、太平洋戦争開戦前に軍人や知識人の間でずいぶん喧《やかま》しく言われました。

佐藤―その萌芽《ほうが》は、第一次世界大戦が終わった時点ですでに芽生えていました。

安部―こうした危機が目の前にあることを、アメリカはきちんと認識《にんしき》していたのです。日本がドイツの太平洋植民地を得た時点で「ハワイやほかの島の海軍力と戦力を増強し、日本と対峙《たいじ》しておかなければ今にたいへんなことになるぞ」とアメリカは認識していました。

■秘密情報機関「ブラック・チェンバー」

安部―アメリカがワシントン会議を開いた目的は、列強諸国と結託《けったく》して日本を抑えこむことであることは明白でした。

佐藤―ワシントン会議で非常に重要な役割を果たしたのが、アメリカが秘密裏《ひみつり》に組織した「ブラック・チェンバー」という暗号解読機関です。

安部―それは政府直属の秘密情報機関ですか。

佐藤―そうですが、少し複雑な構成になっていました。ブラック・チェンバーの創設者は、ハーバード・オズボーン・ヤードレー（１８８９〜１９５８）という人物です。彼は第一次世界大戦中、アメリカ陸軍諜報部《ちょうほうぶ》第八課（ＭＩ８）に勤務していました。ヤードレーは第一次世界大戦後にニューヨークにブラック・チェンバーを創設し、資金は国務省と陸軍省から拠《きょ》出《しゅつ》されています。ヤードレーの私設民間シンクタンクのような様相を擬装《ぎそう》しながら、実際はアメリカ政府直轄《ちょっかつ》のインテリジェンス機関でした。

このブラック・チェンバーが、なんとワシントン会議に関する日本の暗号をすべて盗《ぬす》んでいたのです。そのためアメリカは日本側がギリギリ合意できる妥協点《だきょうてん》を事前に押《お》さえていました。だからこそワシントン会議の場でアメリカは、日本に対して強硬《きょうこう》な姿勢で交渉に臨《のぞ》むことができたのです。

安部―フェアな話し合いによって妥協点を見出《みいだ》すのではなく、日本政府と軍部が「このへんで手を打ってやるか」と納得《なっとく》しそうな妥協点を事前に知っていたのですか。

佐藤―そうです。ワシントン会議で目覚ましい業績を上げることに成功したため、ヤードレーはブラック・チェンバーを正式な国の機関にしてもらおうと目論見《もくろみ》ました。そこで自分の活動についての報告を書いて、ヘンリー・スティムソン（１８６７～１９５０）国務長官に上げるのです。するとスティムソン国務長官は「紳士《しんし》たる者が他人の信書をのぞくべきではない。そんな卑劣《ひれつ》な機関は解体しろ」と、ただちに資金供与《きょうよ》を打ち切ってブラック・チェンバーを潰してしまうのです。

怒《いか》り狂《くる》ったヤードレーは１９３１年に暴露本《ばくろぼん》を書き、年内に日本でも緊急《きんきゅう》翻訳されて帝国議会で大問題になりました。アメリカに暗号が全部解読され、国家機密が丸裸《まるはだか》にされている日本の脆弱《ぜいじゃく》なインテリジェンス状況が明らかになってしまったのです。

２０２３年12月、ヤードレーの暴露本が復刻されました。興味がある読者は手に取ってみてください（『ブラック・チェンバー　米国はいかにして外交暗号を盗んだか』Ｈ・Ｏ・ヤードレー著、平塚柾緒訳、角川新書）。

■ワシントン会議をうまく利用した日本

安部―アメリカに「日本を封じこめる」という意図があることは、おそらく日本もある程度情報を集めて知ってはいたのでしょう。それでも日本にとっては、ワシントン会議に参加せざるをえない理由がありました。「日本も新外交の一員です。みんなの仲間です」とアピールしたかったのです。

アメリカやイギリス、フランスなど九カ国の仲間に入り、いわば「環太平洋《かんたいへいよう》条約」とも言うべきワシントン体制に入りたい。そういうポーズを示すことによって、シベリア出兵や満州問題についての国際的非難をかわしたい。日本には、ワシントン会議に参加する政治的外交的理由がありました。

もう一つ重要な点は、あのころ日本が大《だい》不況《ふきょう》によって経済的苦境に陥《おちい》っていたことと、主な貿易相手国がアメリカだったことです。日米貿易は、当時の日本にとっての命綱《いのちづな》でした。アメリカとの関係を保っておかなければ、日本は経済的に相当苦しい状況に追いこまれていたはずです。

佐藤─石油以外に意外と重要だったのがクズ鉄です。日本では戦艦《せんかん》を造るための鉄を作れなかったため、クズ鉄をアメリカから輸入していました。クズ鉄は日本が戦争を進めるためのとても重要な軍事物資だったのです。

安部─ワシントン会議で、各国が保有する戦艦のトン数を決めたという話題が先ほど出ました。実は原敬首相には「外圧を理由に軍事予算を削《けず》りたい」という思惑もあったのです。日本の財政状況はそこまで追いこまれていました。

佐藤─軍艦《ぐんかん》なんてのは、とんだカネ喰《く》い虫ですからね。

安部─だけど自分の口から「軍縮しよう」なんて言った日には、海軍や陸軍から鉄砲玉《てっぽうだま》みたいな青年将校が襲撃《しゅうげき》に来てしまいます。だから「軍艦の数を制限するのは国際的にやむをえないのだ」という論でワシントン会議を利用しようとしました。

■自分の国力を過大評価して失敗した日本

安部─ワシントン会議でアメリカは、中国の門戸開放と機会均等を訴えました。中国の主権と独立を認めようというわけです。アメリカは日本が中国に突きつけた「対華《たいか》二十一カ条の要求」をすべて骨抜《ほねぬ》きにしようとしました。ワシントン条約によって、日本は一歩も二歩も後退を強いられたのです。

佐藤―日本は自分たちが後退している状況を読み間違《まちが》い、大きく勘違いしていました。日本は「オレたちには少なくとも、アメリカとイギリスを合わせたうちの６割ぐらいの力はあるぞ」と見積もっていたわけです。アメリカは太平洋と大西洋の半分ずつに兵力を分散しますから、アジア太平洋にアメリカの全兵力が集中するわけではありません。

安部―すると「相対的に日本のほうが兵力は強い」という計算が成り立ちます。

ワシントン会議が終わって３年後の１９２５（大正14）年、日本は「今のうちにソ連と接近しておこう」ということで日ソ基本条約を結びました。「このままアメリカにべったりでは危ない。日本はユーラシア大陸を味方につけて、新大陸と対峙する準備を始めよう」というわけです。「敵の敵は味方」といわんばかりに、日本はバランス外交を展開しました。

■樋口麗陽の『小説 日米戦争未来記』

佐藤―ワシントン会議前年の１９２０（大正９）年に、樋口麗陽《ひぐちれいよう》（生年不詳～１９３２）という小説家が『小説 日米戦争未来記』（大明堂）という本を書いてベストセラーになりました。

安部―現代人からは忘れられている小説家ですね。どんな中身なんですか。

佐藤―この小説の舞台は20世紀の終わりを想定しています。そのころ日本とアメリカは戦争を起こして対決するというのです。

　レーニンとトロツキーが死んだあと、ロシアは共産主義の旗を下ろして帝国主義化します。日本の第一艦隊がハワイを占領《せんりょう》しようと攻めこんだものの、アメリカの新兵器によって第一艦隊は壊滅させられてしまいます。アメリカの物量作戦によって徹底的にやられて、いよいよ本土決戦かという寸前のところで、日本は新兵器によって巻き返しました。

　当時は日米戦記モノの小説がたくさん出ていまして、この本もそのうちの一つです。

安部―ワシントン会議直前に「もはや日米開戦は必至だ」と好戦論を煽る小説が、大衆受けしていたわけですね。

佐藤―とてもおもしろい小説です。ただし大正時代の書物なので現代人にとっては読みにくいため、私が『超訳　小説日米戦争』（Ｋ＆Ｋプレス／改題版は『この国が戦争に導かれる時　超訳小説・日米戦争』徳間文庫カレッジ）という超訳版として復刻しました。

■侵略戦争を禁止したパリ不戦条約

安部―ワシントン会議が決めた軍縮の流れは、１９２８年８月に一五カ国が締結した不戦条約（戦争放棄《ほうき》に関する条約）へとつながっていきました。国策としての戦争を放棄し、平和への希求を徹底する崇高《すうこう》な理念です。

佐藤―不戦条約によって、建前上侵略《しんりゃく》戦争はできないことになりました。戦争をするときには、どの国も防衛戦争でなければならないという建前です。

安部―「これは侵略戦争ではない。自衛のための戦争だ」という解釈論《かいしゃくろん》の問題です。

佐藤―屁理屈《へりくつ》であっても一応「自衛のため」という理屈をつけなければいけなくなったわけです。

安部―今でもロシアがウクライナに侵攻《しんこう》するときには「自衛のため」と屁理屈をつけています。ワシントン会議や不戦条約の流れが、一応は今も生きているわけです。それでも戦争は終わらないわけですが……。

なぜ人類は21世紀に至っても愚《おろ》かな戦争をやめることができないのか。地球上に恒久《こうきゅう》平和が実現できる日はいつ訪《おとず》れるのか。この命題を追求するために、第一次世界大戦、そして第二次世界大戦について考える作業はとても重要です。佐藤さんとは、今後も『対決！日本史』シリーズで語り合っていきましょう。引き続きよろしくお願いします。

終章

戦争の世紀を終わらせるために

均衡が崩れたとき、同盟関係は
たちまちに世界大戦を引き起こす。
これが今、学ぶべき
第一次世界大戦の教訓のひとつだ。
そして、戦争を起こさないために
「人間の尊厳」という価値観を論じる。

■ロシア・ウクライナ戦争停戦への道

安部―この対談を収録している2024年3月現在、ロシアとウクライナの戦争は未《いま》だ停戦には至っていません。ウィルソン大統領の「14カ条の平和原則」のような声明をどこかの国が主導して出して、ロシア・ウクライナ戦争を終わらせる可能性はあると思いますか。

佐藤―その可能性はゼロではないと私は思います。「14カ条の平和原則」のようなものを発信するときに、理念の部分が重要です。為政者《いせいしゃ》の心に働きかける、そして民衆の心を打つ言説が説得力をもちます。

　そういう意味では第3章でも引用した岸田文雄《ふみお》首相《しゅしょう》の国連演説（2023年9月19日）が非常に重要です。もう一度、その一部をご紹介《しょうかい》しましょう。

〈我々は、人間の命、尊厳が最も重要であるとの原点に立ち返るべきです。我々が目指すべきは、脆弱《ぜいじゃく》な人々も安全・安心に住める世界、すなわち、「人間の尊厳」が守られる世界、なのです。

　国際社会が複合的危機に直面し、その中で分断を深める今、人類全体で語れる共通の言葉が必要です。「人間の尊厳」に改めて光を当てることによって、国際社会が体制や価値観の違《ちが》いを乗《の》り越《こ》えて「人間中心の国際協力」を着実に進めていけるのではないでしょうか〉（外務省のウェブサイトより）

人間の生命と尊厳を尊重する。かけがえのない命に目を向けて、弱い立場に置かれている国家と国民に光を当てる。この方向性は間違《まちが》っていないと思います。

安部―僕《ぼく》も同感です。

佐藤―２０２４年２月19日に開かれた「日・ウクライナ経済復興推進会議」の中身を、私は非常に高く買っているのです。この会議の結果、日本はウクライナに全部でいくら出すと思いますか。１５８億円です。

安部―アメリカが２０２２年１月からの１年間で７３１億ユーロ、日本円でおよそ10兆円の支援《しえん》をしていることを思うと、ずいぶん少ないですね。

佐藤―高速道路の建設費およそ３キロメートル分です。しかもこの１５８億円は、地雷《じらい》や不《ふ》発弾《はつだん》対策、発電所の整備などすべて平和目的で使われます。人を殺したり、人を傷つけて血を流す行為《こうい》にはビタ一文使われません。

安部―ウクライナが望んでいるのは軍事支援です。日本は西側諸国の一員ですから、ウクライナに対して何もしないわけにいきません。ただし断固として軍事支援に手を染めないのは岸田政権の英断です。

佐藤―日本はこの戦争に、復興支援という形で１５８億円というわずかばかりの無償《むしょう》資金協力しか出していません。それでもウクライナからも世界からも感謝されています。日本はうまく取り組んでいると思います。

安部―ならばその日本が、ロシア・ウクライナ戦争停戦の調停人に名乗りを上げられるのではないでしょうか。

■第一次世界大戦で勝ちすぎた日本の傲慢

安部―本書を結ぶにあたり、今私たちが学ぶべき第一次世界大戦の教訓について最後に語り合いましょう。

佐藤―第一次世界大戦の結果、日本は非常に国力をつけて伸《の》びました。そのせいで増長しすぎたのが日本の過《あやま》ちです。

第一次世界大戦が終わった当時、日本はすでに台湾《たいわん》と朝鮮《ちょうせん》を併合《へいごう》していました。植民地を含《ふく》めて多民族国家と位置づけて、「内地臣民」「外地臣民」と分類していたわけです。石橋《いしばし》湛山《たんざん》（1884〜1973、ジャーナリスト／政治家）が言ったように、朝鮮、台湾、満州《まんしゅう》などの植民地を放棄《ほうき》して、平和な貿易立国を目指す「小日本主義」として発展を図《はか》っていく道もあったと思います。

安部―いたずらにアジアの植民地支配を拡大しすぎない。イギリスやフランスに対しては「アジアの植民地を解放しよう」と呼びかけていく道もありました。

佐藤―日本が進めたのは、中国への際限なき植民地支配の拡大です。日本は結局、欧米《おうべい》の帝《てい》国《こく》主義と同じことに手を染めてしまいました。「第一次世界大戦の結果、日本は一等国クラブである国際連盟への仲間入りを果たした。ワシントン会議によって、アジア太平洋地域はアメリカ、イギリス、日本の三カ国で料理して構わないのだ」。こういう形で日本はどんどん帝国主義に感化されていったのです。

明治初期の日本は「いかに我々の独立と自尊を守るか」という動機で富国強兵をスローガンに近代国家を目指しました。その姿勢が日露《にちろ》戦争で勝利したあたりから徐々《じょじょ》に帝国主義国となっていき、結局は全世界を敵に回すことになるのです。

第一次世界大戦の結果、日本は自分たちの努力のわりに勝ちすぎました。その成功体験が、後の日本を悪い方向へと向かわせてしまったのです。第一次世界大戦だけ単体で切り取って見れば、日本はものすごくコストパフォーマンスの良い戦争をしました。それゆえに増長しすぎて、日本は慢心《まんしん》してしまったのです。

■「新しい戦前」の今こそ第一次世界大戦の教訓に学べ

安部―第一次世界大戦中の1914（大正3）年から18（大正7）年にかけて、日本の名目GDP（国内総生産）は2・5倍へと伸びました。これはまさしく戦争特需《とくじゅ》のおかげです。単純に言って、たった4年間で国家の規模が2・5倍まで伸びたわけです。そのおかげで原《はら》敬《たかし》内閣は、財政拡張やインフラ整備など、さまざまなことを急速に進められるようになったのです。

　ところが1920年代に入ると、戦争特需は終わって日本は大《だい》不況《ふきょう》に陥《おちい》ります。すると「さあどうする？ 前に儲《もう》けた方法でもう一回儲けようじゃないか」と考えたのです。

佐藤―ワシントン会議によって軍艦《ぐんかん》を制限する軍縮が決まった瞬間《しゅんかん》は、実は日本にとって大きなチャンスだったのです。単純な話、軍艦なんて造らずにトラクターを作れば良かった。農村にトラクターを配置して、日本の農業を機械化するべきだったのです。

当時の日本では所有する土地の所在地に居住していない不在地主が、ものすごい規模の土地をもっていました。ですからトラクターがあれば大規模農業に踏《ふ》み切《き》れたはずです。軍拡ではなく農業改革を進めれば、食料を大増産して日本は豊かになったでしょう。ワシントン会議には限りない可能性があったのです。

安部― その話は現在にも通じますね。西側諸国はウクライナに武器や弾薬《だんやく》を送りまくっていますが、いったいいつまで殺し合いを続けさせるのでしょう。一刻も早く停戦の道を見出《みいだ》し、武器ではなくトラクターを送るべきです。日本においても農業生産力を上げ、地方都市の健全な発展と国土の均衡《きんこう》発展へと踏み切るべきではないでしょうか。地方創生という意味では、今こそこれをやるべきです。

　国際社会の軍事大国化と軍事同盟化が、第一次世界大戦の原因になりました。ロシア・ウクライナ戦争に端を発して第三次世界大戦を引き起こさないためにも、人類は第一次世界大戦の教訓から真摯《しんし》に学ぶべきです。

佐藤― 全面的に賛成します。同盟関係が抑《よく》止力《しりょく》として機能しているうちは平和を保てるのですが、いったんどこかで均衡が崩《くず》れて火を噴《ふ》けば、同盟関係はたちまち世界大戦を引き起こします。

安部—その痛みを、世界中がみんな痛感したはずです。なにしろ第一次世界大戦では連合国と同盟国合わせて７０００万人もの兵士が戦場に送り出され、死亡者は２０００万人近くにも及《およ》びました。その痛みと愚《おろ》かさを痛感して、ウィルソンの平和主義的思想、理想主義的思想が世界の潮流になっていったのです。

ところが１９３３年のナチス政権の登場によって、またもや世界は逆向きに回帰してしまいました。そして第二次世界大戦を経《へ》て、人類は痛烈《つうれつ》な反省のもとに国際連合を作ったわけです。理想主義的な体制を作ったはずの世界が、今や第一次世界大戦前の状態に戻《もど》ってしまいました。

佐藤—２０２２年末、タモリさんが「徹子《てっこ》の部屋」（テレビ朝日）で２０２３年について「新しい戦前」と表現して話題になりました。「新しい戦前」状態に置かれている今の日本において、第一次世界大戦をもう一回レビューしておくことは重要です。

今起きているのはヨーロッパでの戦争のように見えますが、事実上世界大戦化していると厳しく見たほうがいいでしょう。我々はウクライナの戦場から遠い場所で暮らしているため、多くの日本人が対岸の火事として安閑《あんかん》としています。

しかし現状を甘《あま》く見《み》てほったらかしておくと、２番目の戦争が起きます。次の戦場はアジアかもしれません。そうなれば日本は破局に向かっていきます。第一次世界大戦当時、日本は自分たちが置かれた状況《じょうきょう》が見えていなかったのです。日英同盟の発展的解消があり、「日本もいよいよ強国になったな」と能天気に喜んでいました。増上慢《ぞうじょうまん》に陥った日本は、そうこうするうちにカタストロフィ（破局）の道へと突《つ》き進《すす》んでいってしまったのです。

■食料安全保障を強化せよ

佐藤―もし台湾海峡《かいきょう》で有事になったとき、アメリカは日米同盟に基《もと》づいて兵隊を送るでしょうか。それともロシア・ウクライナ戦争と同じように、カネだけ送って知らんぷりでしょうか。

安部―2024年11月の大統領選挙で「アメリカ・ファースト」のトランプ氏が再選されれば、「台湾有事なんてオレたちには関係ない。自分の力でなんとかしろ」と言いかねません。

佐藤―アメリカと台湾は同盟国関係にはありません。そもそも国連における台湾の位置づけは「国家」ではなく「地域」です。もしそこで有事が起きれば、アメリカはカネと兵器だけ送って「あとは自由と民主主義のために台湾人自身が戦え」と言うのではないでしょうか。

そういう事態を想定すると、日本には二つのことが必要です。一つは国防体制を強化し、抑止力を強化しなければなりません。と同時に、軍事より外交にもっと力を入れるべきです。

戦争を起こさないための抑止力は、自衛隊の装備は当然ですが、それだけに限りません。実は戦争に備えた抑止力にとって第一に大切なのは、食料備蓄《びちく》なのです。食料自給率が38%しかない現状だと、戦争が始まって2カ月も経《た》てば国内で飢餓《きが》が始まるでしょう。

安部―その意味でも「トラクターを日本中に配る」という政策は、あながち間違いではないと思います。

佐藤―私の浦和《うらわ》高校時代の同級生である末松広行《すえまつひろゆき》氏（元農林水産事務次官）は『食料自給率の「なぜ？」　どうして低いといけないのか？』（扶桑社新書）や『日本の食料安全保障　食料安保政策の中心にいた元事務次官が伝えたいこと』（育鵬社）といった著書で食料安全保障について論述しています。それによると、一人当たり年間120キログラムの米があれば日本人が飢《う》えることはありません。いざとなったときに備えて、それだけの米を自前で作れる体制を今から構築しておくべきです。

それから自衛隊の装備品について言うと、現状で1週間分しかない銃弾《じゅうだん》の備蓄を、せめて2週間分ぐらいまで増やしておくべきでしょう。もちろん無制限に軍拡せよという意味ではありません。

安部―「農業が抑止力を高める」という発想は、平和国家日本らしくて実にいいですね。

佐藤―地方再生を本格的に進め、食料自給率を右肩上《みぎかた》がりで高めていく。そうすれば「この国は何かあったときに抵抗《ていこう》してくるな」と近隣《きんりん》諸国から認識《にんしき》されます。「防衛費を43兆円まで上げる」といくら勇ましいことを言ったところで、戦争が2カ月続けばみんな飢えて継戦《けいせん》どころではありません。

安部―日本は海に囲まれた島国ですから、戦時下において、どこかの国が船や飛行機で緊《きん》急《きゅう》支援物資を運ぶのは極《きわ》めて困難です。

佐藤―国民が飢えるかもしれない状況で戦争なんてありえません。弾切《たまぎ》れになるか食べ物がなくなるか、どちらかの局面で国民は手を上げるしかないのです。

■戦争を起こす方程式「脅威＝意志×能力」

安部―国家が戦争を引き起こす根本的原因は、究極的に心の問題です。戦争を望まず、平和を望む。そういう国民の心構えを辛抱強《しんぼうづよ》く醸成《じょうせい》しなければなりません。

佐藤―重要なのは「自分の国は自分で守る」という勇ましい心構えではなく「絶対に戦争を起こさない」という平和の心構えです。戦争には必ず原因があるのですから、妥協《だきょう》して引くところまで引けば、国家同士が交戦に至ることはないのです。
　ロシア・ウクライナ戦争を停戦に導き、新たな戦争を引き起こさないために「脅威《きょうい》の方程式」を確認《かくにん》しておきましょう。戦争の脅威はどうやって生じるのでしょうか。「脅威＝意志×能力」です。北朝鮮《きたちょうせん》は核《かく》とミサイルの「能力」をもってしまいました。一度手にしてしまった能力を除去するためには、たいへんなコストがかかります。
　北朝鮮が能力を発揮して戦争が起きれば、人命が失われる状況は避《さ》けられません。ならば戦争を引き起こす「意志」をなくせばいいのです。すなわち友だちになればいい。トランプ氏は「脅威の方程式」について直観的にわかっていました。だから大統領在任中に金正恩《キムジョンウン》氏と友だちになろうとしたのです。「下品な大統領だ」と彼《かれ》を生理的に忌避《きひ》するのではなく、私たちはトランプ氏の良いところを見習うべきなのです。

安部―自国民の生命と尊厳が大事なだけではありません。自国民のみならず、仮想敵国で暮らす国民の生命と尊厳も等しく大切です。

佐藤―それからその土地に住んでいる動物や植物の生態系、地球生態系を含めて尊重しなければなりません。「宇宙生命を大切にしよう」という広い感覚で「生命が大切だ」と俯瞰《ふかん》してとらえたとき、「人類はなんと愚かなことをしているのか」とはたと気づくはずです。

安部—「いくつもの塀《へい》がある村」に地球を喩《たと》えれば、隣《となり》の家で暮らす隣人《りんじん》が憎《にく》いからといって、火つけをしているようなものですよね。そんなことをしたら、自分の家まで延焼《えんしょう》して村全体が全滅《ぜんめつ》してしまいます。

佐藤—そういう愚かなことを、人類は21世紀になっても続けているのです。環境《かんきょう》マルクス主義者や環境論者は、今や説得力を失いつつあるのではないでしょうか。

ヨーロッパであれだけ「飛行機を使うな。飛行機に乗るやつは〝乗り恥《はじ》〟だ」「エネルギーを燃やすな」と喧伝《けんでん》しながら、ヨーロッパ諸国は二酸化炭素をもっとも大量に排出《はいしゅつ》する戦争を止めることなく、積極的に応援《おうえん》しています。自分たちの価値観を守るために「ウクライナはまだ戦い続けろ。オレたちが武器を供給する」と支えているのです。こんな人たちが喧伝する環境の話なんて、いったいどこまで真面目で本気なのか。その矛盾《むじゅん》に環境論者たちは気づいていません。

　幸いにして、現在の日本国は「西側の一員」という価値観の共通性をもちながら、殺生《せっしょう》には関わっていません。少なくとも日本国民の税金によって買われた装備や、日本国民の税金によって提供された物品によって、一人の人殺しもなされていない。人を傷つける事態も起きていません。

安部――この点について、日本は堂々と胸を張って誇《ほこ》るべきだと思います。

佐藤――こうした姿勢について「弱腰《よわごし》だ」と批判するのは間違いです。逆に本当に勇気があって腹が決まっているから、ロシア・ウクライナ戦争に対して日本は平和主義を貫《つらぬ》けているのではないでしょうか。

テレビのニュースショーやネット上の動画番組で勇ましいことを言って騒《さわ》ぎ立《た》てているのは、国際政治、安全保障、ロシア軍事の専門家などのごく一部の人だけです。大多数の国民は、殺すことも殺されることも望んでいません。そこのところにおいて、日本の民衆は世界的に見てかなり正常なのではないでしょうか。

一方で、自民党内から醜悪《しゅうあく》なスキャンダルが次々と噴出《ふんしゅつ》するなか、「公明党は袂《たもと》を分かつべきだ」と煽《あお》る人もいます。でもこの体《てい》たらくの自民党を見限ってしまったら、いよいよ日本は危険な方向へとアクセルを吹《ふ》かし、暴走してしまうでしょう。

「こんな自民党とはつきあいきれない」と今公明党の議員は思っているかもしれません。支持母体の創価学会員は「こんなに政治腐敗《ふはい》が続いて情けない」と心底呆《あき》れているでしょう。

しかしここはグッと辛抱強く堪《た》えて「今我々が経験しているのは、民主主義を健全に維持《いじ》するための一種のコストだ」と認識して、戦争を阻止《そし》するために権力に影響《えいきょう》を行使することができる側にあえてとどまるべきです。野党に回ってしまったら、戦争が起きようとしたときに現実的に止めることはできません。危機の時代を生きる私たちから見ると、公明党と創価学会に課せられた使命はいや増して重いのです。

かたやキリスト教世界の信用は、ロシア・ウクライナ戦争によってゼロに近いところまで地に堕《お》ちました。正教はロシアに向かって戦争を煽り、カトリックはウクライナに向かって戦争を煽ってきました。プロテスタントはただ無力なだけです。

安部—「絶対に戦争を起こしてはならない」「何よりも人の命が尊い」「自分の命と同じように相手の命も尊いのだ」という仏教が説く教えが、今こそ力を発揮するべき時代ではないでしょうか。

「法華経」が説く「忍耐の衣をまとい、空《くう》の悟りの座につき、慈悲の部屋に住む」という教えを胸に、平和への努力をつづけたいものです。

あとがき――本気の凄技

安部龍太郎

お蔭《かげ》さまで佐藤優との対談集も第5巻を数えることができた。

対話を重ねるごとに二人の相違点《そういてん》と共通点が明らかになり、それがお互《たが》いの気づきや自省のきっかけにもなって、回を重ねるごとに興味は増していくばかりである。

日本ばかりか世界全体が大きな危機に直面し、否応《いやおう》のない転換期《てんかんき》を迎《むか》えている今、こうして日本史について詳細《しょうさい》に語り合うことは、過去の過《あやま》ちを繰《く》り返《かえ》さないためにも必要である。

その認識《にんしき》で一致《いっち》し、それなら10巻までやってみようということになった。計画どおりに進めるなら、この巻がちょうど折り返し地点ということになる。

佐藤優と語り合っていて感動するのは、私の視野が及《およ》んでいない部分をずばりと指摘《してき》し、問題の本質をえぐり出してくれるからだ。それは莫大《ばくだい》な知識と外交官としての経験があってのことだが、こちらはディフェンスに行って鮮《あざ》やかに抜き去られたラグビー選手のような気分になる。

「なるほど、そうか。凄《すご》いですね」

脱帽《だつぼう》してつぶやくと、佐藤は申し訳なさそうにこう言ったことがある。

「これはプロの情報分析官《インテリジェンサー》になるために身につけた技術です。たいしたことではありません」

まるで素人《しろうと》を相手につい凄技《すごわざ》を出してしまったと反省しているような口ぶりだが、それは私に対するいたわりがあってのことだ。

それほどに大きな技量をもち、物事の本質が明瞭《めいりょう》に見えるだけに、日本と世界の将来が心配でたまらないし、マスコミに重宝されていい加減なことを言っている輩《やから》が腹立たしくて仕方がないようである。

だから私のように混沌《こんとん》のかたまりのような小説家のほうが、気を張《は》り詰《つ》めることなく話せるのかもしれない。

本書の中でも佐藤優がつい本気を出し、１６０キロを超《こ》える速球を投げ込んでいる場面が何カ所もある。読者諸賢《しょけん》にもそれを堪能《たんのう》していただき、ご自身の知識や思考、世界観とすり合わせて、これまでとは違《ちが》った認識を構築するきっかけにしていただければ幸いである。

私は２０２４年の夏から「ふたりの祖国《そこく》」と題する朝河貫一《あさかわかんいち》（１８７３〜１９４８）と徳富《とくとみ》蘇峰《そほう》（１８６３〜１９５７）の物語に取りかかることにしている。

朝河はアメリカのイェール大学で歴史学の教授を務めながら、日露《にちろ》戦争から満州事変、中国出兵、太平洋戦争へと突き進んでいく日本を憂《うれ》え、政府やマスコミ関係者、友人、知人などにさまざまな警告を発している。

日本がアメリカとの戦争に突入《とつにゅう》しようとしていたときには、ルーズベルト大統領に昭和天皇あての書簡を書いてもらい、何とか開戦を避《さ》けようとした。

１９４５（昭和20）年に日本が戦争に負けたときには、アメリカで天皇の戦争責任を問う声が上がり、天皇制の存続の是非《ぜひ》が論じられた。このとき朝河は日本における天皇の宗教的、文化的意義をイェール大学の人脈を通じて政府に伝え、天皇制と戦後の民主主義社会は共存できると主張した。

これがアメリカ政府を動かし、今日の皇室の存続につながったことが、近年になって多くの研究者によって明らかにされつつある。

一方の徳富は、戦前の右翼《うよく》思想をリードした大立者《おおだてもの》である。東條英機《とうじょうひでき》とも親交があり、思想的なブレーンの役割を果たした。「国民新聞」を創刊し、国内の世論を戦争遂行《すいこう》に向けていった張本人の一人である。また『近世日本国民史』全１００巻を書き、戦国時代以来の日本の姿を明らかにしようとしたことでも知られている。

彼は折に触《ふ》れて国民を啓蒙《けいもう》するための本を書いたが、なかでも１９３９（昭和14）年に出版した『昭和国民読本』は、彼の思想と当時の雰囲気《ふんいき》をよく現《あらわ》している。しかもそれは今日の右翼的《うよくてき》勢力の主張と極《きわ》めて似ているのである。

思想も生き方も対照的な二人だが、実は昔から親交があった。朝河が１８９５（明治28）年に東京専門学校（現・早稲田《わせだ》大学）を首席で卒業し、アメリカのダートマス大学に留学するとき、徳富は大隈重信《おおくましげのぶ》や坪内逍遥《つぼうちしょうよう》、勝海舟《かつかいしゅう》らとともに渡航《とこう》費用を援助《えんじょ》している。

また徳富は１８９７（明治30）年５月のヨーロッパ、アメリカの視察の途中《とちゅう》で朝河の宿所《しゅくしょ》を訪ねているし、朝河は徳富に依頼《いらい》されて「国民新聞」に何度か寄稿《きこう》している。二人は手紙のやり取りもしていたが、１９３３（昭和８）年９月に朝河が徳富の国家主義思想が危険だと忠告したのを最後に袂《たもと》を分かったようである。

戦中、戦後を生きた二人を描《えが》くことで、日本の失敗の原因はどこにあり、敗戦からどのように立ち上がろうとしたのか。そのころアメリカはどういう状況《じょうきょう》にあり、日米問題をどうとらえていたのかを突き止めたいと願っている。また祖国が巨大《きょだい》な歴史の渦《うず》に呑《の》み込《こ》まれていくときに、人として何ができるかを二人の苦悩《くのう》と行動を通して考えてみたい。

こう書けば、読者諸賢はすでにお察しだろう。そのテーマはこれからの『対決！日本史』とぴったり重なるではないかと。

まさにご明察のとおりである。私は佐藤優と対話することで、「ふたりの祖国」の下準備をしてきた。いや、より正確に言えば、この対話によって多くの教えを受けたことで、日本思想史上の両巨頭《りょうきょとう》を描くという困難極まりない物語に挑戦《ちょうせん》する決意を固めたのである。

そうした意味でも佐藤優には足を向けて寝《ね》られない。どうかこれからの対話でも本気の凄技を繰り出し、混沌たる小説家の度肝《どぎも》を抜《ぬ》いていただきたい。

日本

1868・9	明治と改元
1871・7	廃藩置県
1871・9	日清修好条約・通商協定締結
1877・2	西南戦争（〜77・9）
1879・4	琉球藩を廃し沖縄県設置

世界

1789・7・14	フランス革命
1792・9・21	フランスが王政廃止
1821・3・25	ギリシャ独立戦争（〜29）
1853・10	クリミア戦争（〜56・3）
1866・6・15	プロイセン＝オーストリア戦争（〜66・7）
1870・7・19	普仏戦争（〜71・1）
1871・1・18	ヴィルヘルム1世、皇帝即位。独帝国成立
1・28	フランスがドイツに降伏
1873・10・22	ドイツ、オーストリア＝ハンガリー、ロシアの三帝同盟が成立
1877・4・24	露土（ロシア・オスマン帝国）戦争（〜78・3）
1878・3・3	ロシアがオスマン帝国に勝利 サン・ステファノ条約調印
7・13	ベルリン条約。サン・ステファノ条約破棄、三帝同盟が事実上崩壊
1879・10・7	ドイツとオーストリア＝ハンガリーの対露防衛同盟が成立
1881・6・18	ドイツ、オーストリア＝ハンガリー、ロシアが新三帝同盟条約を調印
1882・5・20	ドイツ、オーストリア＝ハンガリー、イタリア、三国同盟を調印
1887・6・18	独と露の再保障条約調印。オーストリア＝

1889・2	大日本帝国憲法発布
1890・11・29	国会開設
1894・7・25	日清戦争（〜95・4）
1895・4・17	下関条約調印
1900・5	軍部大臣現役武官制の制定
1902・1・30	第一次日英同盟
1904・2	日露戦争（〜05・9）
1905・8・12	第二次日英同盟
9・5	ポーツマス条約調印
9・5	日比谷焼き打ち事件
1907・1	日露戦後恐慌が始まる
7	第一次日露協約調印
1910・8・22	日韓併合調印
1911・1	幸徳秋水ら12名の社会主義者が処刑
1912・3	美濃部達吉『憲法講話』を出版
7・30	明治天皇崩御

	ハンガリーは三帝同盟の更新を受けず
1888・3・9	ヴィルヘルム1世が死去
1890・3・20	ビスマルクがドイツ宰相を罷免
3・31	ドイツ、独露再保障条約の不更新を通告
1891・8・27	ロシアとフランスが政治協定を締結
1892・8・17	ロシアとフランスの軍事協約が成立
1894・1・4	正式に露仏同盟が成立
1895・4・23	露、独、仏が日本へ三国干渉
1899・9	米、中における門戸開放、機会均等を提案
1902・4	魯迅、日本に留学
1904・4・8	英仏協商調印
1905・1・22	血の日曜日事件（第一次ロシア革命）
1907・8・31	英、仏、露の三国協商が成立
1909・8	魯迅、中国に帰国
1911・10・10	辛亥革命
1912・1・1	中華民国設立

関連年表

日本

1913・2・20	桂太郎内閣が総辞職
1914・8・23	第一次世界大戦に参戦
9・2	日本軍、山東半島に上陸開始
10・14	日本軍、ドイツ領南洋諸島を占領
11・7	日本軍、青島を占領
1915・1・18	対華二十一カ条の要求提出
1916・7	日露新協約調印
1918・7・23	米騒動
8・2	シベリア出兵を宣言
9・29	寺内正毅首相が辞職し原敬内閣が成立
1919・5	衆議院議員選挙法が改正。納税資格要件が3円以上に

世界

1914・6・28	サラエボ事件
7・28	第一次世界大戦勃発
9・17	英の作家53人が「イギリスの戦争の擁護」を発表
10・4	独の知識人「93人のマニフェスト」を発表
1916・2	ヴェルダンの戦い（～16・12）
1917・3・12	二月革命（第二次ロシア革命）
4・6	アメリカ、第一次世界大戦に参戦
11・7	十月革命、ソビエト政府の樹立
1918・1	米国大統領、ウィルソンが「14カ条の平和原則」を発表
3	スペイン風邪の大流行（～20）
3	ブレスト・リトフスク条約締結
5	魯迅、雑誌『新青年』に「狂人日記」掲載
8	シベリア出兵
10・3	独、講和の意思を表明
11・11	独、休戦協定に調印（第一次世界大戦終結）
1919・1・18	講和会議がヴェルサイユ宮殿で開催

4　第二次高等学校令施行
1920・3　尼港事件
3　戦後恐慌が始まる
1921・11・4　原敬首相暗殺事件
1925・5・5　普通選挙法公布

6・28　ヴェルサイユ条約調印
8　ワイマール共和国誕生
1920・1・10　国際連盟結成
4　極東共和国樹立
1921・11　ワシントン会議（～22・2）
1922・4　ドイツとソ連の間でラパロ条約締結
11　極東共和国解消
12・30　ソビエト社会主義共和国連邦誕生
1928・8・27　パリ不戦条約調印
1929・10・24　世界大恐慌

安部龍太郎　あべ・りゅうたろう　（作家）

１９５５年福岡県八女市（旧・黒木町）生まれ。久留米工業高等専門学校機械工学科卒業。東京都大田区役所勤務、図書館司書として働きながら小説を執筆。90年に『血の日本史』で作家デビュー。２００５年に『天馬、翔ける』で中山義秀文学賞を受賞。13年に『等伯』で直木賞受賞。著書に『彷徨える帝』『関ヶ原連判状』『信長燃ゆ』『恋七夜』『道誉と正成』『下天を謀る』『蒼き信長』『冬を待つ城』『維新の肖像』『姫神』『おんなの城』『蝦夷太平記　十三の海鳴り』『シルクロード　仏の道をゆく』『ふりさけ見れば』など多数。20年、京都府文化賞功労賞を受賞。

佐藤 優　さとう・まさる　（作家・元外務省主任分析官）

１９６０年東京都生まれ。同志社大学大学院神学研究科修了後、専門職員として外務省に入省。在イギリス大使館勤務、在ロシア大使館勤務を経て、外務省国際情報局で主任分析官として活躍。２００２年、背任と偽計業務妨害容疑で逮捕・起訴され、09年６月に執行猶予付き有罪確定（13年６月に執行猶予期間が満了し、刑の言い渡しが効力を失った）。著書に『国家の罠』（毎日出版文化賞特別賞）、『自壊する帝国』（新潮ドキュメント賞、大宅壮一ノンフィクション賞）、『十五の夏』（梅棹忠夫・山と探検文学賞）、『池田大作研究　世界宗教への道を追う』『プーチンの野望』『米ロ対立１００年史』など多数。20年、菊池寛賞（日本文学振興会主催）を受賞。同志社大学神学部客員教授も務める。

本書は語り下ろしです。
対談は２０２３年６月から24年３月に行われました。

潮新書 060

対決！ 日本史5
第一次世界大戦篇

2024年 7月20日 初版発行

著　者｜ 安部龍太郎
佐藤　優
発行者｜ 南　晋三
発行所｜ 株式会社潮出版社
〒102-8110
東京都千代田区一番町6　一番町SQUARE
電話　■ 03-3230-0781（編集）
■ 03-3230-0741（営業）
振替口座 ■ 00150-5-61090

印刷・製本｜ 中央精版印刷株式会社
ブックデザイン｜ Malpu Design

ISBN978-4-267-02432-0　C1221